오늘도 성장하고 있습니다

# 오늘도 성장하고 있습니다

은퇴와 노화 사이에서
시작하는 자기 돌봄

이병남 지음

| 추천의 글 |

'은퇴'라는 단어를 보면, 여름 방학 끝자락에 홀로 남아 숙제 꾸러미를 보고 망연자실하던 내 어린 모습이 떠오른다. 다음 여름 방학엔 미리 숙제를 해서 이렇게 조급해하지 않겠다고 결심하지만, 매번 반복되는 숙제의 무게에 자책하던 시간들이.

어쩌면 은퇴는 방학 숙제처럼 반복하는 건 아니겠지만, 인생에서 피할 수 없는, 한 번은 풀어야 할 숙제이다. 바쁘다는 핑계로 곁눈질만 하며 미뤄두었던 이 숙제를 이제 마주할 시간이 다가오고 있음을 느낀다.

'안티 에이징'이나 '저속 노화'처럼 외형적인 젊음을 유지하려는 노력만큼이나, 나이 듦에 대한 마음의 준비를 하는 것이 중요하다. 남은 인생의 속도에 대한 두려움을 편안함으로 바꾸는 자세가 필요하다. 저자는 여름같이 뜨겁던 시절을 지내고 새로운 계절을 준비하는 마음으로, 후배들에게 자신이 쌓아온 깨달음과 퇴직 후 느끼는 인간적인 고민들을 담담하게 전한다. 이 책을 통해 우리는 밝고 환한 마음을 가지고 은퇴를 인생의 새로운 페이지로 받아들일 준비를 할 수 있을 것이다. 잠시 바쁘게 달려온 걸음을 멈추고 이 책을 읽어보시길 권한다.

— 이은정 | (주)LG 인사팀장, 전무

"성장은 젊은이의 전유물이 아니다."

성공한 대기업 경영자로 퇴임 후, 71세가 된 저자는 이 책에 자신의 삶과 일의 궤적, 그리고 그 속에서 길어 올린 철학을 고스란히 담아냈다. 책 제목을 보았을 때, '퇴임 후에 무슨 성장을 말하는 것일까?'라는 의문이 들었다. 그러나 책을 덮을 즈음, 나는 이 물음에 고개를 끄덕이게 되었다.

저자가 말하는 '성장'은 직선적인 것이 아니다. 곡선처럼 유연하고, 안으로 깊어지며, 더욱 단단해지는 것이다. 50대까지 치열하고 집요하게 타인을 위해 달려왔다면, 60대를 넘기며 비로소 자신에게 눈을 돌리게 되었다고 저자는 말한다. 느리고 조용하게, 때로는 심심하더라도 스스로에게 진심이 되어가는 삶, 그 과정이 바로 성장이다. 나이가 들수록 욕심을 내려놓고 자신을 돌아보면서, 근력 운동과 글쓰기를 삶의 중심에 놓는 저자의 메시지가 인생 선배의 따뜻한 조언으로 다가온다.

이 책은 퇴직 이후의 삶이 공허할 수도, 반대로 이전보다 더 풍요로울 수도 있다는 사실을 일깨워준다. 오늘을 치열하게 살아내면서 다가올 내일을 불안해하는 직장인들에게, 이 책은 은퇴 후 삶의 방향을 다잡아주는 나침반이 될 것이다.

— 신수정 | 임팩트리더스아카데미 대표, 『일의 격』 저자

나이 잘 먹는 방법은 '순응(順應)'에 있다고 철석같이 믿어왔는데 그걸 구체적으로 증명해 주는 책이 나왔다. 오늘도 성장하셨습니다. 어른의 성장기다. 세월에 어떻게 순응하고 어떻게 성장하는지를 새로울 거 없는 세끼 밥상처럼 들려주는데 행간 곳곳에 성찰과 통찰이 그득하다.

명함 버리고 계급장 떼고 내 삶과 처음 마주하면 대개는 당황한다. 그럼에도 치열하고 치밀하고 집요하게(치·치·집) 밀고 가다 보면 온전한 나를 만나고, 결국엔 잘 사는 길을 찾게 된다. 대기업 CEO 출신에 당대의 인사 관리 전문가였던 박사 명함과 계급장을 다 내려놓고 마침내 노년에 이른 이병남 작가는 자신의 시행착오를 적나라하게 드러내 보이며 어른의 걸음마 같은 육성으로 조근조근 알려준다. 자신에게 필요한 사례만 취할 수도 있고 수천 개의 피스로 완성하는 퍼즐처럼 책 속의 개별 사례들을 하나의 거대한 그림으로 통합해서 도움받을 수도 있다.

어떻게 보면 이 책은 나이 먹어 뒷배가 되는 법을 알려주는 성찰적 실용서이기도 하다. 인간은 자신이 쓸모 있는 존재라는 자각을 할 때 에너지가 끓어넘친다. 그런데 경험칙상 쓸모 에너지는 내가 누군가의 뒷배일 때 폭발적으로 발휘된다. '여전히 나의 쓸모를 고민하는 이들에게'가 이 책 첫 문장인 이유도 그래서일 것이다.

이미 30대 후반에 셀프 수여한 '밥사' 자격증이 있을 정도로 사람들에게 밥 잘 사는 내가 지갑 없이 밥만 먹는 유일한 상대가 이병남 작가다. 그런 지 20년 넘었다. 그만큼 연륜 깊은 뒷배 내공을 가진 사람이 이병남이다. 성찰이 뒷받침된 중년 이후 성장의 힘이 얼마나 놀라운 생명력을 발휘하는지 아기 숨결처럼 느낄 수 있다. 지금 어른의 나이라면, 읽는 순간 성장한다. 확인해 보시라.

    — 이명수 | 심리기획자, 『내 마음이 지옥일 때』 저자

| 프롤로그 |

## 여전히 나의 쓸모를 고민하는 이들에게

최근 연 매출 4조 원이 넘는 어느 중견 기업의 사내 세미나에 초청을 받았습니다. HR 이론과 실무에 관해 쓴 제 책들을 읽고 열어준 북토크였습니다. HR 실무자들의 사명과 역량, 필요한 자세에 대해 말할 수 있는 참으로 소중한 시간이었습니다. 세미나 준비를 위해 연초부터 여러 차례 실무자들과 미팅을 하면서, 젊은 후배들이 이 부문에 대해 의욕과 사명감을 가진 모습이 참 반가웠지요.

저는 20만 명이 넘는 LG그룹 구성원의 인사를 책임지는 그룹 인사팀장과 LG인화원의 사장으로 일하다가 2016년 회사를 떠났습니다. 그리고 올해로 은퇴 10년 차를 맞았습니다. 일흔 살이 넘어 후배들에게 도움을 줄 수 있는 이런 기회가 주어진 것이 감사했고 뿌듯하고 보람찼지요. 인간은 나이가 들어서도 다른 사람이나 사회가 나를 필요로 한다는 사실에 행복을 느끼는가 봅니다. 이번 기회를 통해 제 사회적 역할에 대해 다시금 생각해 보게 되었습니다.

은퇴한 사람의 사회적 역할은 젊어서 현직에 있을 때와는 그 색깔이 달라야 하는 것 같습니다. 돈, 권력, 명예는 뒤로하고 남들에게, 특히 후배들에게 도움이 되고자 하는 마음만 가져야 합니다. 현직에서 이룬 업적이나 쌓은 지식을 자랑하기보다 그간의 삶에서 건져 올린 자그마한 깨달음을 나누어줌으로써 그들의 삶이 밝고 풍요롭게 되기를 기원하는 것이지요. 내 주장을 강하게 펼치지 말고 단지 그들이 다르게 생각해 볼 수 있도록 힌트를 던져주어야 합니다.

지난 6월에는 코로나 이후 처음으로 미국에 다녀왔습니다. 저의 70살 생일을 축하하는 가족 모임이었습니다. 큰딸은 파리에서, 둘째 딸네 가족은 뉴욕에서, 막내아들네 가족은 로스앤젤레스에서 출발해 요세미티 국립공원에 모였습니다. 요세미티 국립공원은 35년여 전 제가 캘리포니아에 살 때 어린 자식들과 함께 캠핑을 했던 곳입니다. 이제 그 자식들이 커서 그들의 자식들을 데리고 한자리에 모였습니다. 어른이 6명, 아이가 7명, 나이 분포는 3살에서 70살까지였습니다.

숙소부터 식사, 렌터카, 놀거리, 트레킹 코스 등등 모든 계획을 자식들이 준비한 대로 따랐습니다. 내 손으로 키운 꼬맹이들이 마흔 살이 넘어서 이제는 일흔이 넘은 아빠를 이끌어주니 편안하고 행복한 시간이었습니다. 노년의 시간은 이렇듯 작지만 깊고, 소소하지만 정겨운 관계에서 빛나는 것 같습니다. 가족, 친구, 지인 들과의 관계가 젊었을 때보다 훨씬 더 큰 의미로 다가옵니다.

은퇴가 점점 다가오는 게 피부로 느껴지던 2014년이었습니다. 지난 35년간 시장과 기업, 노동에 관해 공부하고 회사에서 실무를 했던 경험을 제대로 정리하고 싶다는 생각이 들었습니다. 그렇게 쓰게 된 책이 『경영은 사람이다』(김영사, 2014)입니다. 2020년부터는 《한겨레》에 현직 후배들이 직장 생활을 하며 부딪히는 여러 조직과 인사 관련 문제에 관한 실무적인 노하우를 모색하는 칼럼을 썼습니다. 이를 묶어 두 번째 책 『회사에서 안녕하십니까』(동아시아, 2022)를 냈습니다.

이렇게 시장, 기업, 노동에 관한 이론과 실행모델, 그리고 실무에 관한 책을 쓰고 나자, 문득 저라는 사람 자체가 궁금해졌습니다. 직업인 이병남이 아니라 자연인 이병남은 무엇을 원하는지, 어떤 걸 이야기하고 싶은지 내면의 소리를 듣고 싶어졌지요. 당시 저는 생전 처음 겪는 은퇴와 노화 앞에서 방황하고 있었습니다. 이 과정을 《한겨레》에 다시 담을 수 있었고, 칼럼을 바탕으로 새로운 원고들을 더해 이번 세 번째 책을 내어놓게 되었습니다.

어떻게 보면 평생을 역할(Doing) 중심으로 살다가 이제 비로소 나라는 존재(Being) 자체에 구체적인 관심을 갖게 된 것이지요. 2년 넘게 칼럼을 쓰고 이 책을 내는 지금, 이 둘은 실은 따로 떨어져 있는 게 아니라는 생각이 들었습니다. 역할 속에서 희미하게만 느껴졌던 나를 이제 좀더 분명히 보게 된 것뿐이지요.

칼럼을 쓰는 동안 장수경 기자는 자신의 소속 부서가 두 번이나 바뀌었지만 자진해서 첫 회부터 마지막 회까지 성심성의껏 저의 글쓰기를 도와주었습니다. 진심으로 감사드립니다. 두 번의 칼럼을 쓸 수 있도록 지면을 할애해 준 한겨레 신문사에 깊이 감사드립니다.

몇 편의 글이 연재되었을 즈음, 해냄출판사의 이혜진 편집주간이 출간을 권해왔습니다. 이후 1년이 넘도록 한두 달에 한 번씩 만나 글의 내용과 흐름에 대해서 많은 이야기를 나누었습니다. 실제 책으로 엮여 나오는 과정에서는 이나연 편집자의 도움이 컸습니다. 일간지 연재물을 한 권의 책으로 연결하기 위해 큰 그림을 보면서 세심하게 원고 수정을 도와주었습니다.

그동안 나는 왜 이런 글들을 썼을까 스스로에게 질문하다가, '결국 나 자신을 위해서 쓴 글들이었구나!' 하는 생각이 들었습니다. 글을 쓰는 동안 70년 넘게 살아오면서 알게 모르게 지어진 매듭들이 풀리고, 어깨 위에 얹어져 있던 삶의 중압감이 사라졌습니다. 아팠던 곳은 아물고 어두웠던 구석도 밝고 따스해진 것 같습니다. 부디 이 책을 통해 독자분들도 그러시기를 기원합니다. 그간 치열하게 달려 은퇴 앞에 다다른 여러분이 저의 이야기를 읽고, 여러분만의 후반전을 준비하는 데 조금이나마 도움이 되기를 진심으로 바랍니다.

2025년 8월
북한산 자락 우남재에서
이병남

**차례**

**추천의 글** 4

**프롤로그** | 여전히 나의 쓸모를 고민하는 이들에게 8

## 1장 내 은퇴는 내가 결정한다 다짐했지만

1 에너지가 있으면 그걸로 뭘 하시게요?  19
2 내가 이런 대접을 받을 사람이 아닌데……  25
3 "회원님, 오늘도 성장하셨습니다"  30
4 모드 전환, 치·치·집에서 느·조·심으로  37
5 노화와 퇴화를 구분하며 사는 현명함  45
6 안팎으로 살아남느라 애쓴 나에게  51


## 2장 사장 이병남에서 어른 이병남으로

7 젊은 세대와 관계 맺는 법  59
8 내가 작아져야 상대에게 스며들 수 있다  65
9 잘 헤어지는 것이 중요합니다  74
10 주연에서 조연으로, 선수에서 코치로  81
11 사람을 키우려면 먼저 그를 믿어야 합니다  87

## 3장 누구와 함께하겠습니까

12 새롭게 살려거든 탯줄을 잘라야 합니다  97
13 새로운 사회적 가족을 허하라  103
14 혼자도 좋고, 함께도 좋다  109
15 후배 부부에게 배운 이해와 배려의 힘  115
16 딸의 꼬랑지가 되어 떠난 로마 여행  122
17 사랑하는 사람들과 이별식을 열 수 있다면  130

## 4장 일흔하나, 성장하기 딱 좋은 나이

18 남의 인정을 바라는 마음은 유치한 게 아닙니다  139
19 노년의 성장은 직선이 아닌 곡선  145
20 기존의 경계에 자신을 가두지 말 것  150
21 머그샷 속 청년과의 만남  158
22 글을 쓰지 않았다면 만나지 못했을 사람들  165
23 영피프티, 필요한 건 내적 젊음  173
24 살아가는 한 성장통은 피할 수 없다  179

## 5장 언젠가 은퇴 앞에 다다를 당신에게

25 고요히 멈추어 나를 만나십시오 189

26 어느 30대 소프라노에게 배운 것 195

27 깊은숨 한번 제대로 쉴 수 있다면 성공입니다 203

28 인생 항로를 바꾸는 딸을 보며 깨달은 것 210

29 위기와 한계는 새 삶을 향한 질문의 기회다 217

30 서운하고 불안한 게 당연합니다 226

 1장

# 내 은퇴는
# 내가 결정한다
# 다짐했지만

# 1
## 에너지가 있으면
## 그걸로 뭘 하시게요?

"선생님, 아무것도 하고 싶은 게 없어요. 내가 이런 적이 없었는데……."

21년간 저의 모든 것을 쏟아부은 회사에서 은퇴하고 난 뒤 동시에 신체적 한계를 느끼기 시작하면서 에너지 레벨이 바닥으로 내려갔다고 느꼈습니다. 생각 끝에 현직에 있을 때 회사 임원들을 대상으로 심리 건강 지원 프로그램을 같이 운영했던 상담 선생님을 찾아갔습니다. 아무런 의욕이 없다, 무력감과 우울감이 깊어 대체 뭘 하고자 하는 에너지가 하나도 없다고 하소연하는 제 말을, 선생님은 한참을 귀 기울여 듣더니 질문을 던졌습니다.

"그런데 그 에너지가 있으면 어디에 쓰시게요?"

순간 말문이 막혀버렸습니다. 심지어 서운하기까지 했습니다. 아니, 힘들다고 하소연하는 내담자를 따뜻이 위로해 주지는 못할망정 이렇게 도발적으로 힐책하듯이 질문하다니……. 나를 더 이상 현직에 있을 때와 같이 존중하지 않고 무시하는 게 아닌가 하는 생각까지 들었습니다. 그날 저는 답도 제대로 하지 못하고 상담실을 나와버렸습니다. 그 질문이 제게 너무나 소중한 경책이었음을 알게 된 것은 아주 나중에였습니다.

그 당시 저는 남은 인생에서 시간을 벌어야겠다고 결심하고 지내던 때였습니다. 그렇게 번 시간으로 무엇을 하겠다는 뚜렷한 계획은 없었습니다. 다만 그 전까지와는 다른 삶을 찾고 싶다는 막연한 기대를 하고 있었지요. 그런데 자발적으로 내려놓은 것이었는데도 막상 일 없는 일상을 겪어보니 그 시간은 적막강산, 고립무원이었습니다. 그 시간이 너무 힘들어서 '사회 활동을 다시 해야 하는 게 아닌가?'라는 생각이 들었지요.

사장으로 승진하기 전, 저는 20만 명이 넘는 LG그룹 전체의 인사를 책임지는 인사팀장이자 부사장이었습니다. 수시로 회장과 협의하고 그분의 의사 결정 과정을 돕는, 늘 긴장 상태에 있을 수밖에 없는 자리였지요. 특히 인사 이슈를 보고하기 위해서는 그 건에 관한 모든 자료를 빠짐없이 철저히 리뷰하고, 객관성에 바탕한 합리적인 대안들을 준비해서, 보고 당일 소신껏 그러면서도 차분하고 겸손한 태도로 임해야 했습니다. 여기에 필요하면 언제든 그룹 계열사 CEO나 임원들과 만나 의견을 청취하고, 또 그룹의 결정 사항을 알려야 했습니다.

이런 업무를 제대로 수행하기 위해서 저는 출근 시간부터 퇴근 시간까지 늘 명정하게 깨어 있어야 했습니다. 그렇지 않으면 자칫 제가 잘못 생각하고 판단함으로써 그룹 차원의 중요한 인사 결정에 피해를 끼칠 수 있기 때문이지요.

장기 근속 후 퇴직하면 내 몸과 마음에 배어든 익숙했던 모든 것으로부터 분리되는 것이라서, 마치 죽음을 경험하는 것과 같다고 합니다. 이 죽음 같은 충격을 사전에 완화할 수 있는 방법은 없는 것 같습니다. 제대로 준비할 수 있는 게 아닙니다. 쓰나미와 같아서 모두 다 쓸려갑니다. 그래서 그걸 회피하려고 합니다. 도망가려고 합니다. 변화한 현실, 그 사실을 받아들일 수 없는 것이지요.

그 무렵 여전히 우울감이 심하고 의욕이 없는 날을 보내는데, 미국에서 큰딸이 왔습니다. 딸의 권유로 거의 억지로 집 근처를 산책했습니다. 처음에는 내키지 않았지만 상쾌했습니다. 딸은 같이 걸으면서 저에게 항우울제 복용을 권했습니다. 자기 주변에서 아빠같이 힘들 때 약의 도움으로 크게 좋아지는 경우를 많이 보았다면서요.

저도 그래야 하는 게 아닌가 싶은 생각으로 상담 선생님에게 상의했습니다. 그런데 선생님은 약이 도움이 되는 경우들이 분명히 있지만, 저의 경우에는 약의 도움을 받지 않고 정기적으로 상담하면서 그대로 지내보는 것이 더 좋을 것 같다고 말했습니다. 그리고 한마디 덧붙였습니다.

"몸은 기계가 아니잖아요? 고속도로 모드에서 순식간에 비포장 국도 모드로 전환되는 게 아니잖아요? 탑돌이 하듯이 몇 년을 집중해서 현실을 받아들이는 연습을 해야 해요."

누구나 젊었을 때는, 대체로 50대까지는 신체적으로 정신적으로 자신감이 있습니다. 사회생활에서 얻은 능력, 성취, 지위를 나도 모르는 새 나와 동일시하게 되지요. 그러면서 '나는 누구인가?'라는 질문을 할 기회를 좀처럼 갖지 못하게 됩니다.

그러다 은퇴와 노화를 겪으면서 즉 사회적 성취의 한계와 정신적, 육체적 한계를 절감하면서 우리는 무력감에 빠집니다. 적지 않은 경우에는 심한 혼란과 깊은 우울을 겪게 되는 것 같습니다. 그 누구도 어쩔 수 없는, 저항해 보아야 아무 소용이 없는 무상함이 내게 닥쳐오니 당혹스럽고 불안합니다. 입고 있던 옷이 한겨울 삭풍에 날아가버리고 벌거벗은 채 광야에 홀로 서 있는 듯합니다.

이렇게 정체성의 위기를 겪게 되면서 우리는 비로소 다음의 질문을 하게 됩니다. "내가 성취한 것들, 내가 받은 인정과 대우, 그 모든 것이 나를 떠나간 지금, 과연 여기 남아 있는 나는 누구인가?"

오래전에 읽었던 테야르 드 샤르댕 신부의 「신이 일하는 느린 방식을 신뢰하라(Trust in the Slow Work of God)」라는 시가 생각나서 다시 찾아서 읽어보았습니다.

우리는 지체 없이 즉각 목적을 달성하고 싶어서 늘 조급하다.
중간 단계는 다 생략하고 싶어 한다.
아무도 모르는 어떤 새로운 세계에 가고자 하면서도,
그리로 가는 길 위에서의 과정을 못 참아 한다.
(……)
그 여정이 불안하고 또 엄청나게 길게 느껴진다.
(……)
그러나 끝내 신이 당신의 손을 잡고 이끌어줄 것이라고 신뢰하라.
불안하고 초조한 당신,
불완전하다고 느끼는 당신 자신을 그대로 받아들이라.

고등학교 시절, 학교에서 배우는 진화론과 교회에서 말하는 창조론으로 갈등할 때, '창조적 진화론'을 주창한 고고학자이자 예수회 소속 사제였던 테야르 신부를 만난 건 큰 축복이었습니다. 그는 로마 교황청에 의해 파문 직전까지 몰렸고 결국 모든 저술과 강론 기회를 박탈당한, 그야말로 새로운 깨달음으로 가는 과정에서의 불안과 초조를 견뎌낸 사람이었던 것 같습니다. 이 시를 읽으며 마치 그가 내게 얘기하는 듯해서 공감과 격려를 받았습니다.

신영복 선생님의 「떨리는 지남철」이란 시도 큰 위로가 되었습니다. 항상 바늘 끝이 떨고 있는 한 지남철은 자기 할 일을 하고 있다는 것이지요. 내가 삶 속에서 방향을 찾기 위해 불안하게 떨고 있을 때, 나의 삶은 건강하다는 것입니다.

상태가 많이 좋아진 어느 날, 선생님께 왜 약을 복용하지 않고 그냥 견뎌보는 걸 권했는지 물었습니다. 답은 '사람마다, 증상마다 그리고 생활 조건에 따라서 다 다르다'였습니다. 외부적 충격이 큰 일로 트라우마를 겪는 경우, 특히 주변의 지지를 받을 수 없을 때에는 항우울제가 호르몬 변화를 유도해서 생리적으로 우울감에서 나오게 해줄 수 있다고 합니다. 그러나 제 경우에는 약을 복용하면 오히려 이 달라진 현실 속에서 제가 깊어지고 성숙할 기회를 갖지 못할 수도 있다는 것이었습니다. 달라진 현실과 자기 자신을 직면했을 때 느끼는 희열과 안정감은 그 무엇과도 비교할 수 없다는 것이지요.

지나고 나서 생각하니 제가 우울감으로부터 도망가지 않고 함께 있으면서 버티고 견뎌내니 자연스럽게 그 우울감이 "이제 됐다!" 하면서 서서히 떠나간 것 같습니다.

## 2
## 내가 이런 대접을
## 받을 사람이 아닌데……

은퇴를 앞둔 2015년 12월 말을 한 달 남기고 어머님이 돌아가셨습니다. 7년간 와병하시며 힘들게 지내다 가셨습니다. 아버님은 이미 그보다 20년 전에 돌아가셨고 그 이후 어머님 혼자서 의욕적으로 잘 지내오셨지요. 그러던 어느 날 뇌졸중으로 쓰러지신 후 왼쪽 몸에 마비가 오고 나서 오랜 재활 치료에도 회복을 하지 못하셨습니다. 침대에서 일어나지 못하시고 간병인의 도움으로 지내시다가 나중엔 혈관성 치매로 대화도 어려웠습니다. 결국은 심폐 기능 저하로 패혈증까지 와서 운명하셨습니다.

신의주 명문가의 딸이셨던 어머님은 20대에 전쟁을 피해 가족들과 함께 맨손으로 남쪽으로 내려오신 후 아버님을 만나 결혼하시고 평생을 오로지 근검 절약으로 자식 셋을 키우신 분이셨습니다. 장남인 제가 모범생이기를 원하셨고 사회적으로 성공하여 집안을 일으키기를 기대하신 어머님과는 사실 평생 편치만은 않은 관계였습니다.

뜻밖에 닥친 어머님의 장례를 치르면서 많이 힘들었습니다. 온갖 미련, 후회, 죄책감, 부담감 등의 감정이 올라오는데 그걸 깊이 나눌 친밀한 사람이 곁에 없었습니다.

─────

장례를 치르고 두어 주 만에 저는 이임식을 마치고 오랫동안 익숙했던 회사에 더 이상 나가지 않게 되었습니다. 순식간에 생활이 달라졌습니다. 주중에 매일 출근하며 제 삶의 무대였던 사무실도 없어지고 주말에 늘 찾아뵙던 어머님 댁도 없어졌습니다. 회사 동료도 사라지고 부모님도 더 이상 계시지 않는 것이었지요. 은퇴하게 되는 것도 이미 알고 있었고 어머님도 더 이상 오래 버티지는 못하실 거라고 생각은 하고 있었지만, 막상 일이 닥치니 모든 것이 너무나 낯설고 생경했습니다.

특히 엊그제까지 익숙했던 환경과 처우와는 완전히 달라진 현실이 참으로 어색했습니다. 필요한 일들은 다 제가 직접 해야 했습니다. 21년 만에 스스로 차를 운전하니 느리고 조심스럽고 불안했습니다. 그뿐 아니라 현직에 있을 때, 특히 마지막 직위에 있을 때는 회사 안팎에서 누구나 저에게 친절하고, 제 말에 귀 기울이는 것이 당연하고 자연스러웠습니다. 그런데 회사를 나오고 나니 일상에서 마주치는 사람들이 제게 친절하지도 않고 관심을 가지지도 않는 것이었습니다. '내가 이런 대접을 받을 사람이 아닌데……'라는 당혹감과 불편함까지도 느꼈습니다. 객관적으로는 제 형편이 은퇴한 대다수의 사람들보다 좋았음에도 제 몸과 마음은 여전히 익숙했던 과거에 머물러 있었습니다.

나름대로 2년 전부터 마음으로는 준비한 은퇴였지만 막상 닥치니 그 당혹스러움은 완전히 새로운 경험이었습니다. 마치 여태껏 살던 지구별에서 어느 날 갑자기 다른 행성으로 옮겨진 듯했습니다.

이런 상황에서 모교의 초빙 교수를 맡아서 한 학기에 한 과목씩 강의를 했습니다. 젊은 학생들과 교류하면서 나름 즐거움도 있었지만 그렇게까지 마음이 흡족하지는 않았습니다. 같은 시기에 한 금융 지주 회사의 사외 이사도 맡았습니다. 거수기 역할은 안 하겠다고 결심하고 주식회사가 이사회 중심으로 경영되는 모델을 실현해 보겠다고 애썼습니다. 몇 차례 소신껏 나 홀로 반대 표결도 하면서 보람 있는 시간을 보냈지요. 물론 이러한 활동이 사회적으로 의미 있는 일들이라고 생각했지만, 제 마음속 한편으로 '내가 아직 사회적 쓸모가 있다, 난 아직 살아 있다' 이런 걸 증명해 보이고 싶었던 건 아닌가 싶습니다.

이렇게 2년을 보내면서 차차 들기 시작한 의문이, 내 삶이 남들에 의해서, 사회적 기대에 의해서 계속 꾸려져가고 있는 게 아닌가 하는 것이었습니다. 그러면서 '내 삶에 대학 교수, 금융 회사 사외 이사라는 지위와 명함이 정말 필요한 건가?' 하는 질문이 올라왔습니다. '그 후에는? 또다른 자리를 찾는다? 얼마나 오래 할 건데? 언제까지 그렇게 살 건데?' 제 삶의 중심이 분명치 않다는 느낌이 들었습니다. 답답했습니다. 이런 식으로 마치 연명 치료 하듯이 과거 삶의 패턴을 이어나가는 건 아니지 않은가 하는 생각이 강하게 들었습니다. 결국 두 곳 모두 사임했습니다. '여기서 내가 할 바는 다 했다, 더 이상 내 생활을 이런 방식으로 꾸려나갈 수 없다'라는 생각에서였습니다.

주변 사람들의 만류에도 불구하고 두 자리를 모두 내려놓고 나니, 더 이상 학생도 조교도 이사회 사무국에서도 연락이 오지 않았습니다. 더 이상 저에게 의견을 묻거나 찾아오는 일도 없어졌습니다. 혼자였습니다. 분명히 제가 결단해서 그만둔 것인데도 익숙하게 하던 일을 모두 내려놓고 나니 회사를 떠났을 때처럼 엄청난 허전함이 몰려왔습니다.

'아, 내가 대체 무슨 짓을 한 건가?' 하는 후회가 몰려왔습니다. 몸이 여기저기 불편해지는 것과 더불어 에너지 레벨이 날로 떨어지는 걸 느꼈습니다. 딸과 아들네 가족들을 보러 미국에 갔다가 일정을 당겨 돌아왔고, 유럽 여행을 예약했다가 큰 손해를 감수하고 다 취소했습니다. 열 시간 동안 비행기를 탈 생각을 하니 숨이 막혀온 것이었지요. 아무것도 할 수가 없었습니다.

저는 결국 상담실에서 선생님을 마주해야 했습니다.

"제가 왜 그 전 같지 않을까요?"

"다 지나갔어요!"

질문하는 저에게 상담 선생님은 이렇게 말했습니다. 이 말이 마음에 와서 콱 꽂혔습니다. '다 지나갔다고? 정말? 나는 그게 마치 다시 올 것 같은 착각 속에 있었나?' 하는 생각이 들면서, '그럼 지금 여기는 어딘가? 나는 뭔가?'라는 질문이 올라왔습니다.

은퇴하고 노화를 겪으면서 그 누구도 내면에서 불편하고 초라함을 겪지 않는 사람은 없습니다. 그걸 드러내지 않을 뿐입니다. 돈과 권력이 그걸 잠시 가릴 수 있을지는 몰라도, 없앨 수는 없습니다.

틱낫한 스님이 생전에 자주 하시던 말씀이 생각납니다.

I am home. I have arrived.
아, 집에 왔다. 드디어 도착했다.

진실로 과거도 미래도 오직 내 생각 속에서만 있는 것이 확실합니다. 은퇴와 노화라는 나의 현실을 피하지 않고 직면하면서 '지금, 여기'에 온전히 있을 수 있어야 하는구나! 내 몸이 바로 지금 여기에 있는데도 불구하고 내 생각은 과거 속에서 지내고 있었으니 당연히 힘들었던 것이지요. 이제 내가 어디 있는지 알았으니, 분명 새로운 세상이 열릴 거라는 희망이 느껴졌습니다.

3

**"회원님,
오늘도 성장하셨습니다"**

"회원님, 오늘도 성장하셨습니다. 데드리프트(앉은 자세에서 바닥에 놓인 역기를 들어 올리는 운동)를 한 번에 40킬로그램씩 5회, 총 5세트를 하셨으니, 한 시간 동안 누적으로 1톤을 드신 겁니다!"

한 시간을 헉헉거리면서 역치까지 올라가는 체력 훈련을 끝내고, 정신이 혼미해진 가운데 뚝뚝 흘러내리는 땀을 닦는 저에게 피티(PT, 퍼스널 트레이닝) 코치가 건넨 말이었습니다. 이 말을 듣는 순간 희열과 함께 다시 기운이 슬며시 올라오는 걸 느꼈습니다.

6년 전, 처음 근력 강화 훈련을 시작한 건 전혀 자의가 아니었습니다. 평소에 저는 실내에서 헉헉대면서 기구 운동을 하는 걸 영 마땅찮게 생각했었기에 피트니스 센터는 가본 적이 없었습니다.

자고로 운동은 일상에서 움직이는 것으로 충분하고 또 기회가 되면 자연 속에서 신선한 공기를 마시며 호연지기를 키우면서 하는 것이지, 실내에서 하는 인위적인 운동은 제대로 하는 게 아니라고 아주 낮추어 본 것이었지요.

그러던 중 은퇴 전 어느 주말, 수년간 큰 산을 함께 다니던 친구들과 인천 무의도에 산행을 갔을 때였습니다. 그리 험한 코스도 아니었는데 바닷가 돌길을 걷다가 발목 뒤쪽에 통증을 느꼈습니다. 종종 발을 잘 접질렸던 터라 그날도 그런가 보다 하고 등산화를 벗고 좀 주무른 후 다시 걸었지요. 그런데 통증이 가시지를 않았습니다. 그 후 한 달 가까이 부어오른 발목이 가라앉지 않고 계속 아파서 결국 병원을 찾아갔습니다. 진단 결과 오른쪽 발목 인대가 두 군데 끊어지고, 연골이 닳아서 뼈끼리 부딪혀 염증이 생겼습니다. 의사는 등산 금지령을 내렸습니다.

정말 청천벽력 같은 소식이었습니다. 저는 대학교 1학년 때 선배를 따라간 설악산에 완전히 매료되었습니다. 그 뒤로도 1년에 네 번 계절마다 혼자 갈 정도로 산을 좋아했습니다. 유학 시절 15년 가까이 못 가다가 귀국 이후 거의 20년간 설악산, 오대산, 계방산, 지리산, 소백산, 태백산, 덕유산, 영추산 등 기회가 있을 때마다 온갖 산을 다 다녔습니다. 그런데 이제 그렇게 좋아하는 등산을 못 한다니……. 몸의 한계를 절절하게 느끼면서 마음도 많이 위축되었습니다. 좌절감이 컸습니다.

은퇴를 하고 나서는 현직에 있을 땐 꿈도 꾸지 못했던 주중 골프를 쳤습니다. 오래된 친구들과 한산한 골프장을 찾는 재미가 괜찮았습니다. 그런데 차차 팔꿈치, 허리, 어깨가 아파오기 시작하고 병원에 가서 물리 치료와 시술을 여러 차례 받았지만 별 효과를 보지 못했습니다. 의사는 고정 자전거와 수영을 권했습니다. 그런데 이번에는 수영 레슨을 몇 차례 받다가 목이 아프기 시작했습니다. 고개를 뒤로 젖힐 수가 없었습니다. 심지어 목 뒤 어깨 쪽에 감각이 없어지는 것이었습니다. 겁이 덜컥 났지요. 등산을 못 해 수영을 하려고 했는데, 수영하다가 또 아프니까요.

그때 의사의 말이, 나이 60이 되어 의도적으로 운동을 하지 않으면 매년 4퍼센트씩 근육 손실이 온다는 것이었습니다. 처음 듣는 말이었습니다. 그런 근육 손실이 여러 문제, 특히 관절에 관련된 통증을 가져올 수 있다는 말에 정신이 번쩍 났습니다. 의사는 좋은 코치를 찾아서 근력 강화 훈련을 반드시 하라고 했습니다. 그럼에도 한동안 뭉개다가 어느 날 도저히 안 되겠다 싶어서 저의 수영 코치에게 소개를 받아서 피티를 시작하게 되었지요.

"저는 경추, 척추, 어깨, 허리, 팔꿈치, 발목 등에 문제가 있습니다. 피티를 하는 유일한 목적은 아프지 않으려고, 일상 생활에서 다치지 않으려고 하는 것이니 여기에 맞게 훈련시켜 주세요."

처음 시작하면서 코치에게 이렇게 말했습니다. 처음엔 일주일에 한 번만 훈련을 했습니다. 몸의 회복 속도가 느려서 두 번은 무리라는 것이었습니다. 그뿐 아니라 첫해에는 내내 거의 아무런 기구도 쓰지 않고 맨손으로 하는 운동만 시키더군요. 그럼에도 늘 헉헉거리고 땀으로 뒤범벅이 되었습니다.

처음 턱걸이를 한 날에는 한 번 그냥 매달렸다가 뚝 떨어지다시피 했습니다. 아니 어떻게 턱걸이를 한 번도 제대로 못한단 말인가? 예전엔 열 번도 넘게 했었는데……. 충격을 받았습니다. 코치가 묻더군요. "마지막으로 턱걸이 하신 게 언제였습니까?" 생각해보니 50년도 넘었습니다. 오랜 세월이 지났지요. 또 벽에 거의 닿을 정도의 거리에서 양발을 벌리고 서서 무릎을 구부리는 월 스쾃을 처음 할 땐 깊이 앉지 못하고 뒤로 넘어가곤 했습니다.

한동안 수업이 있는 날이면 무슨 핑계를 대고 안 갈 수 있을까 하는 마음이 들 정도로 가는 게 쉽지 않았습니다. 나이 들어 뒤늦게 완전히 새로운 영역에 들어섰으니 어색하고 귀찮고 하기 싫었던 것이지요.

그런데, 피티를 시작하고 불과 두어 달 만에 남의 살 같았던 뒷목과 어깨에 다시 감각이 돌아온 것을 느꼈습니다. 오랫동안 퇴화되었던 등 근육이 다시 살아나기 시작한 것입니다. 약도 주사도 시술도 별 도움이 되지 못한 것을 근력 강화 훈련으로 해결한 것입니다. 그러면서 아, 이게 효과가 있구나! 하고 긍정적인 마인드로 바뀌기 시작했습니다.

뒤로 넘어가던 스쾃도 차차 종아리가 엉덩이에 닿을 정도로 앉을 수 있게 되었습니다. 신체의 가동 범위가 커진 것이지요. 그때 코치가 하는 말이, "회원님은 월 스쾃에 관한 한 최소한 종로구, 성북구, 동대문구에서는 최고이십니다!"

재미있자고 한 얘기였겠지만, 이 말이 엄청난 격려가 되었습니다. 30대 이후엔 신체는 하향 곡선을 그리는 줄만 알았는데, 그리고 그동안 살아오면서 자식, 회사, 후배 들의 성장에만 집중했다는 생각이 들면서, 누군가가 지금 이 나이의 저에게 집중하고 또 성장했다고 말해주니 참 행복했습니다. 그동안 잠자던 저의 신체 지능이 다시 성장하는구나 싶었지요.

그렇게 20킬로그램의 바벨을 머리 위로 들어 올리는 숄더프레스도 하게 되고, 드디어 데드리프트도 하게 되었습니다. 처음 코치가 데드리프트를 시킬 때 내가 왜 이걸 해야 하느냐고 질문했지요. 역도 선수가 될 것도 아니고 무슨 근육 자랑 할 것도 아닌데 말이지요. 그랬더니 그가 하는 말이 노년에 가장 조심해야 하는 것이 낙상이라는 겁니다. 낙상을 하지 않고, 또 만일 하더라도 덜 다치려면 발로 바닥을 누르는 힘을 기르고 고관절 부근 근육을 강화해야 한다는 것이었습니다. "아, 그래요? 그럼 해야지요!"

이렇게 근력 강화 훈련으로 몸 상태를 조금씩 끌어올리면서, 은퇴와 노화를 겪고 있는 지금 제 앞의 현실은 과거와는 정말로 완전히 달라져 있다는 생각이 확 들었습니다. 박사 학위를 받기 위해 공부할 때나 교수가 된 후 논문을 쓸 때에도 그랬거니와 특히 회사에 와서 성과를 내고 인정받기 위해서 치열하게 일했습니다.

대형 승용차를 타고 왕복 8차선 고속도로를 전속력으로 달리는 삶이었지요. 그러나 이제 제 삶은 비포장 국도로 접어든 것입니다.

제가 현직에 있으면서 오랫동안 그런 길을 그렇게 다닌 것은 일 때문이었습니다. 일을 효과적으로, 효율적으로 잘 해내기 위해서였습니다. 그런데 이제 은퇴하고 나서는 그렇게 달릴 이유가 없어졌습니다.

비포장 국도에서 그런 대형 승용차를 타고 가다가는 차도 망가지고 내 갈 길도 못 가니 낭패를 당하는 것이지요. 그럼 차를 바꾸어야 하는 게 아닌가, 사륜구동 소형 SUV가 필요한 게 아닌가 싶었습니다. 내가 가는 길은 달라졌는데 내 몸과 마음은 과거의 삶의 방식에 너무나 오랫동안 익숙해져 있어서 지금 이 현실, 이 길을 제대로 가지 못하고 있는 것 아닌가 하는 깨달음이 온 것입니다. 아, 내가 바뀌어야 하는구나, 이 현실이 진실이다, 이 진실을 제대로 살아야 하는구나, 내 삶의 모드가 바뀌어야 하는구나 하는 생각이 들었습니다.

우선 신체적 조건이 달라집니다. 전과 같이 빨리 움직일 수 없습니다. 느려짐은 노화에 따라오는 당연한 변화입니다. 게을러지는 게 아닙니다. 그러니 그 느려짐을 받아들이고 느려짐 속에서 즐거울 수 있어야 하는 게 아닌가 하는 생각이 들었습니다. 젊었을 때와 같은 힘과 스피드를 유지하기 위해서 과도하게 운동하는 것은 눈앞의 현실을 받아들이지 않는 것입니다. 분석적 사고력도 전과 같지 않습니다. 그렇다고 둔해지는 건 아닙니다. 통합적 사고력은 오히려 더 커지기도 하니까요. 속도보다 방향성에 더 관심이 가게 됩니다.

그러면서 한 생각이 들었습니다. '아, 은퇴 후 노년을 느리게, 조용하게, 심심하게 지낸다는 것은 부드러워지기 위해서구나!' 예, 생명의 본질은 성장이고 성장은 변화를 뜻합니다. 변화의 본질은 곡선입니다. 젊었을 때는 시작점과 도착점 사이의 직선 이동만 생각했습니다. 그러나 노화 속의 성장이란 변화의 본질인 곡선에 다가가고 익숙해지는 방식으로 이루어집니다. 그래서 부드러워져야 하는 것입니다.

천재 건축가 안토니 가우디는 "직선은 인간의 것이고, 곡선은 신의 것"이라고 말했다 합니다. 실로 자연의 본질은 곡선입니다. 인간은 곡선을 이해하기 위해서 직선으로 잘게 나누어 분석하지만, 결국 다가가야 할 곳은 곡선입니다. 자연(自然), 즉 '스스로 그러함'의 성격은 부드러움입니다. 직선의 인위적 엄격함에서 자연의 부드러움으로 진화하는 것이 노년의 성장입니다.

피티를 한 지 2년째가 돼서야 이젠 한 주에 두 번 훈련을 해도 되겠다는 말을 코치에게 들었습니다. 훈련 강도는 계속 높아졌습니다. 하도 힘들어서, 대체 언제쯤 되어야 좀 수월해지겠냐고 물었더니 돌아오는 답은 이거였습니다. "절대 쉬워지는 일은 없을 겁니다. 목표치를 계속 높일 거니까요. 성장하지 않으면 퇴보합니다!" 노화 속에 퇴보하지 않기 위해, 오늘도 성장하고 있습니다.

4

## 모드 전환,
## 치·치·집에서 느·조·심으로

　　은퇴와 노화라는 새로운 현실에 맞닥뜨리면서 저는 몸과 마음 모두 힘든 시간을 보냈습니다. 그러다 글쓰기를 시작하고, 근력 강화 훈련을 하면서 달라진 '지금, 여기'를 현실로 받아들이게 됐습니다. 나의 현재성, '지금, 여기'를 영어권에서는 'Here and now'라고 말합니다. 어느 날 외국에서 오래 살다가 귀국한 옆집 후배가 하는 말이 "그런데 'Here and now'의 단어 순서를 한국어 어순과 같이 'Now and here'로 쓰고, 'and'를 빼고 붙여서 쓰면 '노웨어(Nowhere, 아무 데도 없다)'가 돼요"라고 말하는 것이었습니다. 참 재미있는 발상이라고 생각했습니다. 나의 현재성에 머무른다는 것은 아무것, 아무 곳, 즉 과거에도 미래에도 그 어느 곳에도 매이지 않는 것이지요. 그런데 'Nowhere'가 아무 곳에도 얽매이지 않는 것이라면 실은 'Everywhere', 즉 어디에나 있을 수 있다는 의미로도 해석할 수 있지 않을까 하는 다른 생각이 들었습니다. 자유로움이고, 자재(自在)함이지요.

60대에서 70대로 들어선 노년의 '지금 여기'를 잘 살기 위해서는 어떤 삶의 태도를 가져야 하는 건가 깊이 고민했습니다. 저는 '느·조·심(느리고 조용히 심심하게)'의 태도로 살아야겠다고 생각했습니다. 현직에 있던 50대까지 제 삶의 태도는 '치·치·집(치열하고 치밀하고 집요하게)'이었습니다.

그러나 60대가 된 뒤에 제 삶은 달라져야 했습니다. 무언가를 해야 한다는 의무나 당위, 혹은 머리를 굴려서 만든 관념적인 지향도 아니었습니다. 은퇴와 노화에서 오는 어색함과 불편함을 직면하고 받아들이면서 이전의 삶과는 결별해야겠다는 깨달음에서 온 자연스러운 생각이었습니다.

사실 사회생활을 하면서 몸에 배인 루틴들이 갑자기 사라지는 건 아니었습니다. 마치 사회와의 연결선이 모두 끊어진 듯한 황망함 속에 있었습니다. 그때 제안받았던 몇몇 CEO 자리에 솔깃해지기도 했지요. 그러던 어느 날, 마음 저 밑바닥에서부터 "너는 대체 언제까지 은퇴를 미룰 거니?"라는 말이 솟아올랐습니다. 저는 깜짝 놀라서 결국 그 제안들을 고사했습니다. 삶의 마지막 단계에서 40~50대와는 다르게 살고 싶다는 이 무의식의 외침을, 상담 선생님은 '내적 건강성'이라고 말해 주었습니다.

젊었을 땐 목표를 달성하고 성공적인 커리어를 만들기 위해 치열하고 치밀하게 일해야 했습니다. 뿐만 아니라 집요해야 했습니다. 온 마음을 쏟아서 일에 집중하고, 가능한 한 모든 변수를 고려하면서 전략적으로 접근했습니다. 반드시 해내야 하는 일이라면 포기하지 않았습니다.

한 분야의 전문가가 되려면 최소 1만 시간의 훈련이 필요하다는 1만 시간의 법칙은 집요함의 정수입니다. 치·치·집은 학교나 직장, 사회에서 성공하기 위한 필요 조건이었습니다. 저는 제 모든 시간을 회사 업무에 1순위로 썼습니다. 읽고 생각하고, 사람들과 만나서 대화하고 회의하고 결정했습니다. 취하지 않은 상태로 일찍 귀가해서 일찍 자고, 새벽에 일어나 명상과 산책을 하고 출근했습니다. 그래야 치·치·집이 가능했으니까요.

인사팀장으로 발령받은 첫해에 저는 그룹 전체의 근무 방식에 큰 문제의식을 가지고 있었습니다. 당시까지도 사무직의 경우 토요일에 출근해서 점심 먹고 퇴근하는, 60년대 이래로 바뀌지 않는 근무 방식을 유지하고 있었습니다. 저는 평일 근무 시간을 한 시간 늘리고 토요일을 휴무로 하는 주5일 근무제를 시도했습니다. 쉽지 않았습니다. 가장 큰 반대 이유는 근무 기강이 해이해진다는 것이었습니다. 저는 노동 경제학 이론, 선진 기업들의 사례, 현장 근무 실태 조사와 근로자 정서 파악을 위한 서베이, 법정 근로 시간 단축에 관한 정부 정책 등 모든 자료들을 바탕으로 그룹 최고 경영자 회의에 부의했습니다. 통과되지 못했습니다. 한 달 후 자료를 보완해서 다시 제안하고 설득했지만 또다시 보류 결정을 받고, 결국

세 번 만에야 그룹 방침으로 정해졌습니다. 그래서 2000년 9월 1일, 국내 기업 최초로 주5일 근무제를 시행할 수 있었습니다.

그렇게 치·치·집으로 21년 동안 일하며 그 외에도 많은 일들을 했습니다. 당시 미국과 유럽의 다국적 기업들의 케이스들을 심도 있게 공부하고 참고하여 우리만의 지배 구조, 경영 리뷰 시스템, 평가 보상 제도, 전문가 육성 제도와 리더십 교육 프로그램을 만들었지요. 끊임없이 새로운 아이디어를 제안하고 또 성취했습니다. 제가 해놓은 일들에 대해 후배들이 고마움을 표시할 땐 큰 기쁨과 보람을 느꼈습니다.

그런데 과연 이 모든 것들이 제가 한 것이었을까요? 때를 잘 만나서, 시절 인연 덕에, 또 상사, 동료, 후배 등 좋은 사람들 덕분에 된 것이었습니다.

좋은 결과를 내기 위해 분투하는 과정에서는 여러 차례 힘든 고비가 있게 마련입니다. 승승장구란 없지요. 때론 운 좋게, 때론 누군가의 도움이 없다면 고비를 넘기기 쉽지 않을 겁니다. 사실 제 실력이나 능력이란 것도 제 노력만으로 얻어지는 건 아닙니다. 의지와 상관없이 타고난 부분도 있고, 부모님과 가족의 힘도 컸지요.

미국 뉴욕에서 20년 가까이 살면서 일하던 큰딸이 회사에 사표를 내고 2년 전 파리로 이사해 프리랜서로 일하고 있습니다. 뉴욕

생활보다 더 건강하고 행복하다고 했는데 최근에 파리에서 외국인으로서의 삶이 좀 피곤하다고 하면서 뉴욕을 다녀와야겠다고 합니다. 그러면서 저더러 아빠는 미국으로 유학 간 후 11년 동안을 한국에 돌아오지 못했는데 대체 그걸 어떻게 해냈느냐고 묻습니다. 저는 "솔직히 엄청나게 힘들었지만 너와 가족들 덕분에 해낸 것 같아"라고 답했습니다.

한국 사회의 변화도 제 사회적 성취에 큰 도움이 되었습니다. 제가 귀국해 1995년부터 회사에서 일하게 된 것도 그 시기에 회사가 저를 필요로 했기 때문이었지요. 소위 기민한 추격자에서 글로벌 리더가 되고자 하는 당시 대기업이 필요로 하는 지식과 경험을 제가 운 좋게도 15년간, 당시에는 가장 선진적인 미국에서 쌓았던 덕분이지요. 그뿐이 아닙니다. 회사에서 임원으로 일하는 동안 탁월하고 능력 있는 회사 사람들을 만난 것은 참으로 큰 행운이었습니다. '운칠기삼'이란 말이 저에게 해당됩니다.

활동성의 극치인 여름을 지나 가을과 겨울로 여겨지는 은퇴와 노화의 계절로 접어들면 삶의 모드가 달라지는 것은 자연스러운 일입니다. 계절이 바뀌면 몸속 호르몬의 분비도 변하기 때문이지요. 은퇴란 내가 더 이상 현실적인 성취를 위해서 과거처럼 치·치·집으로 살지 않아도 괜찮다는 의미입니다.

젊은 후배들이 간혹 저를 찾습니다. 그들의 얘기를 듣고 대화를 나누다 보면 많은 경우에 그들의 얼굴이 밝아지고 반짝이는 걸 보게 됩니다. 제가 해준 얘기들이 자신의 생각을 깨우고 몰랐던 걸 알게 해주었다고 합니다. 지식이 아니라 지혜를 나누어 받았다고 합니다.

최근에 만난 한 중견 IT 기업의 CEO는 바로 아래에 있는 임원과의 관계 때문에 힘들어하고 있었습니다. 그 임원이 조직 관리를 하는 데 문제가 있는데 막상 회장은 그를 신임한다는 것이었지요. 저의 경험과 함께 두 가지 얘기를 해주었습니다. 첫째, 회장은 그 임원을 어떤 이유에서든 필요로 할 수 있다. 둘째, 목수는 바른 연장만 쓰는 게 아니다. 필요하면 굽은 연장도 쓰되 굽은 줄 알고 쓰면 된다. 이 말을 들은 그의 얼굴에 미소가 떠올랐습니다. 저도 행복했습니다.

언젠가 이스탄불로 출장을 간 적이 있습니다. 도착 다음 날 아침, 호텔 방에서 창을 여니 높은 톤의 남성 목소리가 확성기를 통해 시내 전체에 울려 퍼졌습니다. 호텔에 물어보니 이슬람에서 하루에 다섯 번 육성으로 예배를 알리는 '아잔(azān)'이라고 했습니다. 처음엔 너무 강한 소리라서 귀에 거슬렸습니다. 그런데 계속 듣다 보니 달라졌습니다. 아잔 소리는 출장 기간 내내 점점 더 익숙해지고 반갑고 평화롭게 느껴졌습니다.

틱낫한 스님이 만든 프랑스의 영성 공동체인 '플럼 빌리지(Plum Village)'에서는 하루에 몇 차례 종을 치면 모든 사람이 하던 일을 잠시 멈추고 그 종소리에 마음을 집중한다고 합니다. 우리나라에서도 산사에 가면 조석으로 예불을 하기 전 범종이 울리면 모두가 그 소리에 마음을 모읍니다. 천주교에서는 하루에 세 번 종을 치면서 삼종기도를 올립니다. 이렇게 인류의 오래된 종교에서는 전통적으로 일상에서 밖으로 치닫던 마음을 잠시 안으로 돌리는 시간을 가집니다. 고요함과 정적 속에서 나의 본래 모습과 함께하고자 하는 것입니다. 어쩌면 생명의 근원적 에너지 소스에 접속하여 충전하려는 노력이 아닌가 하는 생각도 듭니다.

나를 들뜨게 하고 의욕을 돋우던 바깥의 요란함과 북적거림이 이제는 나를 지치게 만든다는 것을 차차 느끼게 됩니다. 남의 좋은 평가로 마음이 흥분되는 것도, 나를 칭송하는 박수 세례도 불편함과 소음으로 여겨지지요. 그래서 조용함을 선호하게 됩니다. 고요함 속에서 얻게 되는 평화로움과 지혜에 더 마음이 끌립니다. 과거와 같이 나를 흥분시키고 아드레날린을 분비시키는 외부의 자극들을 좇아 바쁘게 지내기보다는 심심하게 지내는 것을 더 좋아하게 되었습니다.

또 일 없음(무사, 無事)의 상태, 좋은 일도 나쁜 일도 없는 평범한 상태가 가장 좋다고 여겨집니다. 달콤하고 자극적인 디저트보다 숭늉 한 그릇이 더 좋아지기도 합니다. 심심하다는 순우리말을 한자를 써서 조금 다르게 중의법으로 써보기도 합니다. 마음 심(心) 자 두 개 '心心', 즉 마음과 마음의 물길이 열리고 또 섞이면서 행복해진다는 뜻도 만들 수 있습니다. 다른 무엇보다 내게 소중한 사람과의 친밀한 관계를 가장 중요하게 여기게 되는 것 또한 심심(心·心)하게 지내는 삶이라고 생각합니다.

　은퇴 후 노년의 삶에서는 쓸쓸함과 무력함이 아닌 또다른 의미에서의 치·치·집이 작동하는 것 같습니다. 다만 그 대상과 내용이 달라집니다. 젊고 현직에 있을 때와는 달리 현실적 성취와 인정 욕구에 대한 집착은 줄어들고, 소중한 사람들과의 관계 속에서 나 자신을 확인하고 그 관계 속에서 상호 스며듦을 통해 행복해지고자 하는 치·치·집입니다. 과거와 같이 돈, 권력, 지위, 명예라는 현실적이고 사회적인 성취와 인정을 통해 나를 드러내고자 하는 치·치·집과는 다르지요. 나의 존재 자체에 좀더 관심을 갖게 되면서 느·소·심 속에서 작동하는 또다른 모습의 치·지·집, 그건 집착하지 않는 노력이란 생각을 합니다. 이렇게 지내는 저를 보면서 한 친구는 '노성백', 노화 속에 성장하는 백수라고 부릅니다.

## 5
## 노화와 퇴화를
## 구분하며 사는 현명함

2012년 가을, 박사 학위를 받은 미네소타 대학교에서 자랑스러운 동문상인 '탁월한 리더상'을 받게 되었습니다. 제가 졸업 후 대학에서 가르친 것, 그리고 무엇보다도 회사에서 한 일들을 그들 나름대로 자세하게 평가하고 좋게 본 결과였습니다. 사실 성공보다는, 탈락하지 않고 생존하는 것을 목표로 간신히, 고통스럽게 공부했던 박사 과정이었는데, 너무나 뜻밖이고 감격스러웠습니다.

그때 떠오른 사람이 있었습니다. 1980년에 석사 과정을 밟기 위해 유학 간 오하이오 주립대학교에서 만난 지도 교수 스티브 힐스였습니다. 교수님은 아무것도 모르고 헤매던 가난한 유학생인 저를 보듬어주고 끌어주셨습니다. 이미 은퇴하신 데다 다른 주에 살고 계셨지만 감사하게도 제 초대에 비행기를 타고 기꺼이 멀리까지 와주셨습니다.

그런데 저와 동행해서 힐스 교수님을 공항에서 픽업해 학교로 모시고 온 한 젊은 학생이 차에서 내리시는 교수님을 좀 급하게 모시느라 차 문에 교수님의 안경이 부딪혀 떨어지면서 못 쓰게 되었습니다. 당황한 저와 그 젊은 학생에게 교수님은 과거에도 늘 그러하셨듯이 온화한 미소를 지으시면서 "늙으면 좀 느려진다네. 좀 천천히 움직여야 해" 하시는 것이었습니다.

저는 교수님께 죄송하다는 생각만 했지 그 말씀의 뜻을 깊이 알아듣지 못했습니다. 당시 저는 50대 중반, 아직 속도와 성과를 금과옥조로 삼는 치·치·집의 세계에 있을 때였습니다.

제가 신체의 노화를 처음 느낀 건 50대 후반, LA에 출장을 갔을 때였습니다. 아침에 일어나서 호텔 방 테라스에서 바깥 경치를 내다보는데, 갑자기 눈앞에 온갖 날파리들이 날아다녔습니다. 처음엔 캘리포니아의 햇살이 너무 강해서 그런 건가 생각했지요. 귀국 후 안과에 갔더니 '비문증'이라고 했습니다. 눈의 수정체가 탁해지면서 그런 현상이 나타나는데 당분간 그대로 지내보라고 했습니다.

몇 년 간 좀 불편해도 참고 지냈는데 은퇴하고 나서 증상이 점점 심해졌습니다. 나중엔 신문도 컴퓨터 화면을 보는 것도 힘들어질 뿐 아니라 골프 필드에 나가서 공을 치고 나서는 공이 떨어지는 위치를 제대로 알 수가 없게 되었습니다. 결국엔 양쪽 눈 모두 인공 수정체로 교체하는 백내장 수술을 해야 했습니다. 광명은 찾았지만 안구 건조증이 심해졌습니다.

몸의 한계를 느끼고 마음도 늙어간다는 쓸쓸함에 젖어들었습니다. 성장과 발전이란 젊었을 때의 얘기고 이젠 노화, 퇴화라는 내리막길만 남았을 뿐이라는 서글픈 생각이 들었지요.

한동안 이런 마음으로 지내다가 2021년 제주도 포도뮤지엄에서 있었던 〈아가, 봄이 왔다〉라는 전시회에 우연히 가게 되었습니다. 독일의 세계적인 판화가, 조각가인 케테 콜비츠(Käthe Kollwitz, 1849~1945)의 작품들이 전시되어 있었고 전시장 벽에는 그의 글들이 액자에 걸려 있었습니다. 그런데 그중에 'Part 1. 오랜 독백'이라는 제목 아래에 있는 액자에서 눈을 뗄 수가 없었습니다.

> 나이 듦은 청춘의 나머지가 아니라 완전히 새로운 상태이다. 그것 자체로 존재하는 위대한 상태이다. 내 안에 있는 그 어떤 것이 새로워지는 느낌이었다. 그것이 바로 자기 발전이라는 의미에서 나이 듦이었다. 영원히 타오르는 촛불이 반짝거리기 시작했다.
> ―1921년 11월 일요일 일기 중

분명히 가슴 깊이 와닿는 충격적인 감동이 있었지만 또 한편으로는 문장이 좀 어색한 느낌도 들어서 전시 주최 측에 자료에 관해 문의했더니 국내에서 번역된 자료들을 바탕으로 제작된 것이라고 했습니다. 그래서 독일에서 활동하고 있는 이승연 화백에게 부탁해 원문을 찾아보니 케테의 여동생 리제(Lise, 본명은 리즈베트 슈테른)가 당시 《월간 사회주의(Sozialistische Monatshefte)》에 기고한 글이었습니다.

노년이란 청춘이 가졌던 힘의 나머지가 아니라,
온전히 새로운, 그 자체로 존재하는, 커다란 무엇이다.
영원한 불빛들이 반짝이기 시작한다.

1921년 11월 2일 위령의 날에 케테 콜비츠는 여동생이 쓴 이 글에 대한 자신의 생각을 일기로 남겼습니다. 일기는 그의 손녀 유타 본케-콜비츠가 엮은 『케테 콜비츠의 일기(Käthe Kollwitz Die Tagebücher: 1908~1943)』의 2018년 개정판에 담겨 있습니다. 역시 이승연 화백이 번역해 주었습니다.

리제가 월간지에 짧게 기고한 〈노년의 의미에 대해〉라는 글은 좋다. 기분이 좋아질 정도로 단순히 썼다. 그는 다음 문장으로 글을 맺고 있다. "노년이란 청춘이 가졌던 힘의 나머지가 아니라, 온전히 새로운, 그 자체로 존재하는, 커다란 무엇이다." 노년에 대한 이런 새로운 느낌은 나도 알지만, 안타깝게도 내게는 지나간 일이다.
몇 년 전, (아들) 페터의 죽음 후, 내가 바깥세상과 단절하고 살 때 강렬하게 가졌던 느낌이다. 당시 나는, 내 안의 무엇인가가 새로워지고 있다고 느꼈고, 늙음을 '더 발전해간다'는 의미에서 본 것이다. "영원한 불빛들이 반짝이기 시작한다." 지금 나는 다시 너무나 바깥세상을 향해 살고 있다.

이렇게 원전을 찾아 확인해 보니 전시회에서 보았던 케테의 일기에는 그의 여동생 케테가 쓴 기고문과 거기에 대한 자신의 감상문이 섞여 있었던 것이지요. 아무튼, 우연히 가게 된 전시회 덕분에 노년에 대한 콜비츠 자매의 탁월한 성찰을 접할 수 있었습니다. 참으로 감사했습니다.

나치에 핍박받으면서도 저항한 위대한 예술가 케테 콜비츠의 둘째 아들 페터는 1차 대전이 발발하자 부모의 강한 반대를 무릅쓰고 자진 입대했다가, 전쟁 초기인 1914년 10월 22일에서 23일 사이에 전사합니다. 케테는 자식 잃은 어머니의 비통함을 마음 저 깊이에서 견뎌내고 마주했으며, 결국은 페터를 기념하는 조각 작품 〈비통한 부모〉(1932)를 만들었습니다. 강렬한 슬픔이 뚝뚝 떨어지는 이 작품은 저의 가슴을 저리게 만들었습니다. 삶과 죽음 그리고 또다른 삶을 생각하게 했습니다.

리제는 노년이란 젊음이 연소된 후 남는 재가 아니라 그 자체로 커다란, 완전히 새로운 상태라고 했고 심지어 영원한 빛을 마주할 수 있다고 말합니다. 이어서 케테는 노화는 지속적인 발전을 뜻한다고 말합니다. 이 말이 저의 정수리를 때렸습니다. 그러면서 '노화가 그냥 내리막길이기만 한 건 아니구나, 단순히 소멸이기만 하는 건 아니구나, 그 속에 성장의 길이 있구나! 그걸 찾자!'라는 생각을 하기 시작했습니다.

어느 날 닥치는 은퇴와 노화는 서운함과 불안함과 나의 쓸모 없음을 절감하게 합니다. 그 감정적, 정서적 격동기를 견디고 버티면서 시간을 들여서 나의 현실을 수용하는 연습을 해야 합니다. 저도 '아, 그래, 이 속에서 버텨보자, 견뎌보자!'라고 마음을 먹게 되었습니다.

내 정체성을 과거에 고정해 놓으면 불행감에서 빠져나올 수가 없습니다. 나의 정체성이 흔들릴 때, 비로소 '나는 누구인가?'라는 질문을 하게 됩니다. 자아 팽창(Ego inflation)이 아니라 자아 축소(Ego deflation)를 경험하게 해주는 은퇴와 노화는 내가 나와 친해질 수 있는 기회를 제공합니다. 비로소 내가 하는 얘기에 귀를 기울이게 되면서 나와 친해지게 됩니다. 그러면서 편안해집니다.

은퇴로 인해 사회적 성취의 한계를 느끼고, 노화로 육체적 한계를 느끼면서, 이를 견디고 버틴 후 마침내 그것을 그대로 받아들이게 되는 노년은 삶의 현재성을 배울 수 있는 참으로 축복받은 시기입니다. 어쩌면 리제와 케테가 노화 속에서 영원한 불빛들이 비친다고 말한 게 바로 이것이 아닐까 싶습니다.

## 6
## 안팎으로 살아남느라
## 애쓴 나에게

    임원으로 일하는 첫해 가을이었습니다. 미국에서 15년간 살면서 늘 그러했듯이 가족과 추수감사절 저녁 식사를 함께하기로 계획했습니다. 한국에서는 추수감사절이 휴일이 아니기에 회사에 출근했는데, 그날 저녁에 갑자기 중요한 임원 회의가 잡혔습니다. 저는 고민이 됐습니다. 회사에 온 첫해였고 회사에 대한 제 열정을 시험받는 일이라는 생각이 들었습니다. 결국 가족들에게 양해를 구하고 회사에서 샌드위치로 저녁을 때우면서 회의하고 밤 늦게 집으로 갔습니다.

  가족들이 실망한 것은 너무나 당연했습니다. 저를 이해한다고 말했지만 삶의 우선순위가 갑자기 바뀐 것 같은 남편과 아빠를 보면서 당혹스러워하고 실망한 표정이 역력했습니다. 제 마음도 어두려웠습니다. 지금의 저라면 그렇게 하지 않았을 겁니다. 가족들에게 양해를 구할 일이 아니라 회사에 양해를 구했어야 할 일이었지요. 그러나 30년 전 저의 대기업 임원 생활은 그러했습니다. 두고두고 가족에게 미안해했던 기억입니다.

한번은 한창 바쁘게 일하던 시절 당시 외국에서 대학을 다니던 큰딸이 한국에 왔습니다. 시내 레스토랑에서 점심을 같이하기로 했는데, 약속 시간이 10분이 지나도 오지 않아 마음이 급해지기 시작했습니다. 거의 20분이 지나서야 나타난 딸에게 "너는 대체 아빠가 회사에서 얼마나 바쁜 사람인지 아니, 모르니? 딱 정해진 점심시간인데 늦게 오면 어쩌자는 거니? 밥 먹다가 중간에 일어서야 할지도 모르는데!" 하면서 불같이 화를 냈습니다. 길이 막히고 전철 노선도 잘 몰라서 늦었다면서 사과하는 딸의 말은 귀에 들어오지도 않았습니다.

딸은 마음의 상처를 받았지요. 거의 24시간 긴장 상태에서 '5분 전 도착'을 철저히 지키며 일하던 저의 삶에는 본의 아니게 이런 그림자가 있었습니다. 저는 저와 제 일에만 몰두해 있었습니다. 항상 일이 1순위였던 50대에는 내 곁에 있는 그 사람에게 온전히 집중하지 못했습니다. 저는 딸이 느낀 서운함을 당시에는 전혀 헤아리지 못했습니다. 이런 삶은 저도 모르게 가족들을 아프게 했습니다. 그게 제 자신도 아프게 했다는 건 나중에 알았지요.

최근에 제 40~50대를 돌아보다가 이런 기억들이 다시 떠올랐습니다. 전에는 가족들을 실망시켰던 것에 대한 후회와 죄책감이 컸지요. 그러면서 또 한편으론 당시 나로서는 어쩔 수 없는 상황이 있는데도 가족에게 이해받지 못한다는 외로움과 슬픔을 느꼈습니다. 내 삶의 모든 것을 요구한 회사 분위기에 반감도 생겼고 그걸 어쩔 수 없이 수용한 저에 대한 실망감도 느꼈었습니다.

그런데 이번엔 처음으로 다른 생각이 들었습니다. 너무나 뜻밖에, 전혀 예상치 못한 감정이었습니다. 당시의 저를 생각하는데 너무 불쌍하고 가슴이 아파오는 겁니다. '그걸 다 견뎌내느라 얼마나 힘들었니. 그래, 너 정말 애썼다. 안팎으로 살아남느라 참 수고 많았다' 하는 마음이 올라오는 걸 느꼈습니다. 마음속에서 저를 위로하는 무언가가 저절로 작동하는 것이었습니다. 참으로 편안해지고, 자유로워지는 걸 느꼈습니다.

저는 오랜 세월 주어진, 혹은 제가 택한 제 역할과 의무에 강박적으로 집중해서 가족, 친구, 동료, 상사, 후배, 그들이 어찌 생각하고 느끼는지에 관심을 쏟았습니다. 그러면서 막상 저에게는 집중하지 못했던 것 같습니다. 이제 은퇴하고 제 자신과 좀더 시간을 보내다 보니 드디어 제가 보인 모양입니다. 은퇴하고 노화를 경험하면서 비로소 저를 돌보기 시작한 것 같기도 합니다.

자신을 돌본다는 것은 과거에 가족과 타인과 회사로 향했던 돌봄을 내게로 돌려서 '지금, 여기'를 사는 나를 깊이 들여다보고 껴안아주는 것이 아닌가 싶습니다. 지금 내 몸과 마음이 어떠한지 관심을 갖고, 나의 안과 밖에 놓인 현실을 있는 그대로 보고 받아들이는 것이지요. 그러기 위해서는 밖으로 치닫던 나의 생각을 안으로 돌려야 합니다. 돈, 권력, 명예 등 사회적 성취를 위한 외부적 노력 강박에서 이제는 해방되는 것입니다. 자연스레 이런 변화를 겪기도 하지만 또 한편 자기 성찰을 향한 약간의 노력이 필요하기도 합니다.

✼

 이렇게 은퇴와 노화의 불편함을 받아들이고 인정하고 수용하는 것이 건강한 삶이라는 생각이 들었습니다. 건강한 자기돌봄을 위해선 먼저 지금의 내 상황을 잘 살피고 인정하는 시간이 필요합니다. 물론 노년에도 젊은이들 못지않은 쌩쌩함을 과시하는 노익장은 멋지기도 하고 또 사실 부럽기도 합니다. 그러나 경우에 따라서는 그것은 건강한 불편함을 회피하는 신경증의 일종일 수도 있습니다. 동시에 '나이가 60이면 이 정도, 70이면 저 정도는 되어야지'라는 사회의 획일화된 기준은 실은 무의미하다고 할 수 있습니다.
 사람은 누구나 다 다릅니다. 나의 개별성이 무시될 때 나는 자유를 잃습니다. 그리고 개별성의 끝까지 가면 보편성을 만난다는 말도 있습니다. 그 보편성이라는 것은 아마도 삶의 진실을 뜻하는 것 같습니다.

 저는 느리게, 조용히, 그리고 심심하게 지내면서 저를 돌보기로 했습니다. 이를 위해 약속을 많이 잡지 않습니다. 또 저를 드러내려고 에너지를 낭비하지 않습니다. (그렇지만 누군가에게 제가 도움이 된다면 능력껏 돕습니다.) 그리고 약해진 뼈, 관절, 근육으로 인해 일상 생활에서 넘어져서 다치거나 아프지 않기 위해서 근력 강화 훈련을 합니다. 그리고 현직에 있을 때 아웃소싱했던 일상을 다시 인소싱하고 있습니다. 청소하고 빨래하고 장을 보고 밥을 챙겨 먹고 설거지를 합니다. 일상을 챙기면서 다시 두 발을 땅에 딛고 삽니다.

 전에는 노년을 꼭짓점을 지나 떨어지는 포물선, 내려가고 소멸할 수밖에 없는 운명으로 생각했습니다. 그런데 하향 포물선은 분명 그대로 존재하지만 또다른 곡선, 변곡점을 만들어내고 다시 상승하는 곡선도 있는 것 같습니다. 그것이 바로 노년의 성장 곡선이고, 그 시작은 자신을 돌보는 또다른 나를 만나는 데서부터 시작됩니다.

 옆집 마당 살구나무 꽃눈송이 사이를 아기새들이 쨱쨱이며 뛰어다니느라 바쁩니다. 살구꽃 눈송이들이 흩어지며 바람 타고 내려와 우리 집 마당에 꽃수를 놓습니다. 봄이 왔습니다.

2장

## 사장 이병남에서
## 어른 이병남으로

7

# 젊은 세대와
# 관계 맺는 법

요즘 젊은 사람들이 내가 했던 때보다 몇 배 더 잘하는 걸 보는 것도 즐거운 일이에요. 저도 그만큼 살았으니까 마음이 편해지고 이런 이야기도 할 수 있게 된 것 같아요.

—《한겨레》 2023년 3월 3일 자

지휘자 정명훈이 피아니스트 조성진과의 협연을 앞두고 열린 기자 간담회에서 한 말입니다. 그때 정명훈은 70살, 조성진은 29살이었습니다. 정명훈은 22살에 차이콥스키 콩쿠르에서 2위 입상을 한 이후 지휘자로 전환해서 세계적인 음악가로 활동해 왔습니다. 조성진은 2015년 21살에 쇼팽 콩쿠르에서 우승한 뒤 그야말로 찬란하게 빛나는 젊은 피아니스트로서 자리매김하고 있습니다. 그런데 일흔 살 노장 마에스트로는 스물아홉 살의 신예를 가르치려 들거나 질투하지 않습니다. 소위 '라떼'도 아니고 '꼰대'도 아닙니다. 노인과 청년이 서로가 서로에게 감탄하면서 함께 연주합니다.

라떼는 자신의 존재 증명이 가장 확연했던 과거 한 시절에 고착되어 있습니다. 그래서 '지금, 여기'에 대한 현실 감각을 갖지 못하는 것이지요. 꼰대는 '나는 알고 너는 모른다'는 태도입니다. 자기 성찰이 부족해서 생긴 우월감에서 옵니다. 진짜 어른은 젊은이들의 성취를 그저 뿌듯해하고 자랑스러워합니다. 그들의 현재와 미래를 축복합니다. 그들과 함께함으로써 또 새롭게 배우고 행복해하고 편안해합니다.

그렇게 편안하게 관조하고 슬거워하던 정명훈은 올봄 72살에 이탈리아 밀라노 라스칼라 극장의 음악 감독으로 선임되었습니다. 오페라 지휘자가 오를 수 있는 가장 높은 곳에 오른 것이지요. 그러면서 자신을 예외적인 개인이 아니라 국가 공동체에 헌신하는 예술가로 정의했다고 합니다. 참으로 자기 인식이 뚜렷한, 성장하는 노년의 모습입니다.

---

은퇴 후 노년에 가장 중요한 것은 관계 맺기라는 많은 연구 결과들이 있습니다. 특히 웬디 스즈키 교수에 의하면 고립은 뇌 건강과 정신 건강 모두에 악영향을 미친다고 합니다. 외로움은 단순

히 감정이 아니라 실제로 뇌에 스트레스를 가하는 요소라는 것이지요(《한겨레》 2024년 12월 19일 자 참고). 특히 노년에는 신체적 고통뿐 아니라 정신적 외로움도 홀로 감당할 수 없는 것입니다. 통계청 자료에 의하면 우리나라는 이미 1인 가구가 전체 가구의 30퍼센트가 넘고, 계속 증가 추세를 보인다고 합니다. 그뿐 아니라 경제협력개발기구(OECD)의 사회관계망 조사에서 한국의 50살 이상 중 '주변에 의지할 친척이나 친구가 있다'는 응답이 61퍼센트에 불과했습니다. 조사 대상 34개국에서 가장 낮은 수준이라고 합니다. 젊은이들의 외로움도 문제지만 소위 100세 시대에 오래도록 외롭게 살아야 하는 노인들은 더욱 심각하지요. 이 문제의 심각성을 앞서서 인식한 영국은 2018년 '고독 담당 장관(Minister of Loneliness)'직을 신설했습니다.

어느 날 마음먹는다고 갑자기 관계 맺기가 되는 것은 아닙니다. 사회생활을 하면서 맺는 많은 관계들은 원하든 원하지 않든 이해관계에 바탕을 두기에 거래적 성격이 큽니다. 거래적 인간관계에서는 현실적 이득을 얻는 방식으로서 교환의 비율이 중요하기에 거기에 많은 에너지를 쏟게 됩니다. 손해 보지 않으려 하고, 남의 이목과 평가에 신경을 곤두세웁니다. 즉 거래 비용이 수반되는 것입니다.

이런 방식은 은퇴하고 노년을 맞은 이들에게는 맞지 않습니다. 노년에 '거래적 관계'를 맺는다면, 이미 눈금 레벨이 내려가 있는 에너지를 더 소진할 뿐이니까요. 거래 비용이 없는, 마음을 살리고 내면을 충만하게 하는 진정한 인간관계가 필요합니다.

과거에, 어쩌면 요즈음도 여전히, 많은 남성들은 직장 생활을 하면서 돈 벌어 가족을 부양하는 것이 가장 중요하다고 생각했기에 자식들과 시간을 보내지도, 가사 노동에 참여하지도 않은 채 50대를 맞습니다. 가족 한 사람 한 사람과 존재 그 자체로 만나는 경험을 제대로 하지 못합니다. 의례적이고 피상적인 관계 속에서 개별적으로 깊은 유대감을 만들지 못하고 시간이 흘러간 것입니다.

그러다 40대 후반에서 50대 초반에 이르렀을 때 회사에서 자신의 한계를 조금씩 느낍니다. 아이디어도 의욕도 예전 같지 않고 후배들은 밀고 올라오는 듯합니다. 조직에서도 조금씩 밀려나는 것 같습니다. 익숙한 곳에서 밀려난다는 느낌은 그 사람의 내면에 커다란 구멍을 내고 외로움을 키웁니다. 이럴 때 정말 필요한 가족은 안타깝게도 내게 별로 관심이 없습니다. 어떻게 보면 노후의 안정을 위해 '지금 여기'라는 생생한 현실을 희생시키고 살아온 결과일 수 있습니다. 마음 깊이로부터 연결된 소중한 이들은 옆에 없고 가족과도 소원해진 외로운 노년을 맞닥뜨리지 않기 위해서는 중년 이전부터 진정한 관계 맺기에 관심을 가져야 합니다.

진정한 관계 맺기는 상대방을 있는 그대로 만나고자 하는 것입니다. 내 생각이 만든 그의 이미지를 만나는 게 아니라 그 사람 자체를 만나려고 상대방에게 집중하는 것입니다. 그렇게 할 때 각자의 물길이 섞이면서 공감하게 되고 서로를 위로하고 치유합니다. 그 과정에서 나오는 에너지는 삶을 즐겁고 풍요롭게 만듭니다. 소모적인 관계가 아니라 살리는 관계이지요.

　살리는 관계를 맺기 위해서 무슨 대단한 기술이 필요한 것은 아닙니다. 내가 어떤 마음과 태도를 갖고 있는가를 들여다보는 것이 우선입니다. 그리고 좋은 대화가 대단히 중요합니다. 그런데 이땐 내 마음이 편해야 합니다. 그래야 말도 편해집니다. 내 마음이 편하려면 지금의 나에 대한 긍정과 수용이 먼저 필요합니다. 영혼과 영혼이 만나는 진정한 관계 맺기를 위해서는 나와 나의 새로운 관계 맺기, 즉 '나 자신을 돌보기'가 먼저여야 합니다. 남들과 비교하지 않고, 지나친 우월감이나 열등감에서 벗어나는 것이지요. 그다음은 실천과 연습입니다.

　노년에 특히 후배들, 젊은이들과 대화하는 법은 그들과 직접 대화하면서 배울 수 있습니다. 그러기 위해서는 내 마음과 심장이 단단하거나 강고해서는 안 되지요. 말랑말랑해야지요. 나도 모르게 몸에 밴 어른 대접과 예우받고자 하는 마음을 경계하고 거기에 빠지지 않도록 조심해야 합니다. 나이 차이에 대한 관념을 완전히 버리고 어른, 젊은이 사이가 아니라 동등한 관계라고 스스로에게 거듭 확인시켜야 합니다.

　젊은 자녀가 늙은 부모와, 또 젊은 후배들이 노년의 선배들과 관계 맺는 것에 관심을 가지려면 그들이 그 관계에서 뭔가 얻는 것이 있어야 합니다. 그건 아마도 지식보다는 지혜 쪽일 것입니다. 자식이나 후배들은 처음 가는 길이고 저는 이미 가본 길이기에 그 길에서 얻은 저의 경험과 지혜를 그들에게 나누어줄 수 있겠지요.

앞서 소개한 정명훈은 간담회에서 또 이렇게 말했습니다. "〈브람스 교향곡 4번〉에 이르러선 아무리 해도 모자랐는데, 20년쯤 하다 보니까 소리가 자연스러워지고 나아진 느낌이 들었어요. 그때 제 나이가 오십 조금 넘었는데, 브람스가 그 곡을 만든 나이 하고 비슷했어요." 젊은 천재 음악가가 나이 든 선배에게서 얻고자 하는 것이 바로 이런 연륜일 것일 겁니다. 기교가 아니고요.

청하지 않는 것을 주려고 하는 것도 별로 현명한 방법은 아닌 것 같습니다. 그냥 그들이 원할 때 나누어주는 것이지요. 거기서 내가 얻는 것이 있다면 그건 그냥 줌으로써 저절로 얻어지는 기쁨과 충만감일 것입니다.

8

## 내가 작아져야 상대에게 스며들 수 있다

2022년 12월 초, 경남 창원에 있는 LG전자 홈어플라이언스 공장을 방문했습니다. 가전 사업 본부라고도 불리는 이곳의 변화된 모습이 늘 궁금했지만, 일단 퇴임하면 근무하던 회사 근처에는 얼씬거리지 말라는 불문율이 있었던 터라 엄두를 못 내고 있었습니다. 그러던 중 20년 만에 다시 가볼 기회가 생겼습니다. 그 사업 본부의 임원들이 저의 전작 『회사에서 안녕하십니까』로 북토크를 하자고 초청해 준 것입니다.

20년 만에 공장을 다시 방문한 저는 감회가 깊었습니다. 그 이유 중 하나는 1987년 노동자 대파업 시기의 한 선배 경영자가 생각났기 때문입니다. 당시 새로운 CEO에 취임한 그분은 극심한 파업 사태를 해결하기 위해 서울에서 창원으로 내려와서 현장 근무를 했습니다. 그러면서 공장 기숙사 시설과 구내 식당의 열악한 상황을 파악했습니다. "현장 직원들을 닭장에서 재우고 짬밥을 먹이면서 어떻게 그들의 헌신과 열정을 기대할 수 있다는 말인가! 빈대 잡으려면 필요하면 초가삼간도 태워야 한다"라면서 즉각적인 개선 조치를 취했습니다. 현대식 기숙사를 새로 짓고 구내 식당을 고급 레스토랑처럼 꾸몄습니다. 회사의 인프라를 기본부터 바꾸는 작업을 시작한 것이지요.

일단 파업이 종료된 이후로는 한 달간을 매일 아침 그 공장 정문 앞에 서서 출근하는 직원들에게 고개 숙여 인사하며 맞았다고 합니다. 이것이 LG전자의 소위 '공동체적 노경관계'의 시작이었습니다. 그분이 매일 아침 직원들을 향해 인사하던 그 정문을 제가 지나는 것이었습니다.

그 전쟁 같던 파업을 극복했지만 불과 10년 후인 1997년, 외환위기가 닥쳤습니다. LG도 생존을 위해 구조조정을 해야 했습니다. 알짜배기 수익이었던 엘리베이터 사업을 비롯한 여러 사업을 외국 기업에 매각하거나 지분 양도를 통해 외국 자본을 유치해야 했습니다. 그때 매각 후보 사업 중의 하나가 LG전자의 가전 사업 본부였습니다. 이른바 '백조 프로젝트(Swan Project)'라는 코드네임으로 불렸습니다. 당시 세계 최대 규모의 가전 사업을 운영했던 미국 '제너럴일렉트릭(GE)'과 매각 협상을 진행했지만 그들이 터무니없이 낮은 가격을 제시하는 바람에 그룹 최고 경영진은 진퇴양난에 빠졌습니다. 한국에서 처음으로 라디오, 세탁기, 흑백 TV를 만들었던 금성사에서 시작된 LG전자 가전 사업 본부가 그렇게 설체설명의 위기에 빠진 것이었습니다.

당시 사업을 맡고 있던 K 부사장이 "그 값에 파느니 차라리 저에게 맡겨주십시오. 제가 한번 해보겠습니다!"라며 나섰습니다. K 부사장은 그 당시 이미 현장에서 진두지휘하면서 생산성과 품질을 획기적으로 끌어올리고 있던 중이었습니다. 그가 외치던 캐치프레이즈 중의 하나가 '5퍼센트는 불가능해도 30퍼센트는 가능하다'였습니다. 5퍼센트 향상 목표를 잡으면 기존의 방식을 유지한 채 개선 방법을 찾지만, 30퍼센트 수준의 목표가 생기면 발상의 전환이 일어난다는 뜻이지요. 획기적인 발상의 전환을 통해서 단박에 퀀텀 점프를 해내자는 것이었습니다. 결국 그룹 경영진은 그를 믿고 백색 가전 사업을 매각하지 않기로 결단했습니다.

2001년경 K 부사장이 진행하던 현장 지도를 배울 수 있는 기회가 있었습니다. 당시 저는 LG의 지주 회사의 인사팀장으로 일하기 시작한 때였습니다. 학계에만 있다가 회사로 와서 5년밖에 안 되었는데 덜컥 그룹의 인사 실무 총괄 부사장 역할을 맡게 되었으니 안팎으로 염려하는 이들이 많았습니다. 이런 저를 배려해서 CEO가 제안한 섀도잉(Shadowing) 학습 기회였습니다. 의례적인 현장 방문이 아니라 K 부사장이 매달 한 번씩 1박 2일로 직접 진행하는 현장 지도 일정을 그대로 따라다니면서 사업 현장을 보고, 느끼고, 배우라는 것이었습니다.

K 부사장은 오전 8시부터 오후 5시까지 그 넓은 제1공장, 제2공장을 걸어 다니며 각 부서의 보고를 받고, 그 자리에서 바로 예스, 노 결정을 내렸습니다. 현장에서 만든 개선안을 놓고 벌이는 토론은 치열했습니다. 질책은 없고 격려는 풍성했습니다.

현장 지도를 따라다니고 나서 떠나기 전날 저녁 식사를 함께하는 자리에서 K 부사장은 저의 소감을 물었습니다. 그때 저는 이렇게 대답했습니다. "Business is a noble calling(사업은 고귀한 소명이다)'이라는 생각이 강하게 들었습니다!" 사업을 한다는 것은 단순히 수익을 내고 생계를 해결하기 위한 직업 정도가 아니라 그야말로 무에서 유를 만들고 불가능을 가능으로 만드는 고귀한 사명이라는 확신이 제 가슴에 새겨진 날이었습니다. 절체절명의 위기에서 죽기 살기로 다양한 노력을 기울여 생존을 확보하고, 이어서 발상의 전환으로 생산성과 품질을 획기적으로 올려서 소비자의 선택과 시장의 인정을 받기 시작한 이 과정은 그야말로 감동적인 창조 프로세스였습니다.

그 현장 지도 섀도잉은 이후 은퇴할 때까지 여러 가지 어려움이 닥쳤을 때마다 '회사를 다니면서 내가 하는 일의 본질은 고귀한 소명이다'라는 믿음으로 이겨낼 수 있게 해준 참으로 귀한 체험이었습니다.

20년 만에 다시 돌아본 공장은 더 이상 과거의 공장이 아니었습니다. IT, 로봇, AI의 도움을 받아 현장 작업자들은 미국 시장에서 가장 비싸게 팔리는 냉장고를 13초에 한 대씩 만들어내고 있었습니다. 공장 한쪽에는 작업자들의 휴식과 토론을 위한 쾌적한 회의실이 마련되어 있었습니다. 외환 위기 때 매각 후보였던 회사는 미국 가전 회사 '월풀'을 누르고 세계 1위에 올랐고, 가전 공장으로는 처음으로 세계 경제 포럼이 인증한 '등대 공장(Lighthouse factory, 4차 산업혁명의 핵심 기술로 제조업 혁신을 이끄는 공장)'으로 선정됐습니다.

북토크 시간이 되었습니다. 전날 저녁 담당자 3명과 세 시간에 걸쳐 함께 준비했던 대로 시작되었습니다. 코로나 탓에 직원 200여 명은 온라인으로 참여했고, 계단식 강의실에는 사업 본부장, 사업부장 임원, 그리고 중간 관리자 등 50여 명이 자리했습니다. 저는 정문에 들어서면서 느꼈던 그 감동으로 말문을 열었습니다.

"이 자리에 선 것이 영광스럽습니다. 회사를 이렇게 성장시켜 주신 여러분, 축하합니다. 또 감사드립니다. 여러분은 우아한 백조가 되셨습니다."

그리고 90도로 허리 굽혀 정중히 인사했습니다. 뜻밖이라는 듯한 청중의 분위기가 느껴졌습니다. 그리고 저는 앞선 얘기들로 세션을 시작했습니다. 저는 이 회사가 이렇게 지속 가능한 혁신 기업이 될 수 있었던 데는 아마도 창업 이래로 이어져온 우리의 공유 가치가 보이지 않게 큰 역할을 했을 거라는 취지로 저의 생각과 경험을 바탕으로 자세히 얘기했습니다.

후배들이 가장 궁금해한 것은 제가 현직에서 겪었던 어려움이었습니다. 저는 제가 겪었던 실패를 솔직히 공유했습니다. 메시지의 핵심은 '어려움을 어떤 마음으로 겪어내는지가 중요하다'였습니다. 부하 직원과의 관계 설정을 물어보는 이에게는 "사람 좋은 상사가 되려 하지 말고, 직원들의 신뢰를 먼저 얻어야 한다"고 말했습니다. 일단 신뢰가 생기면 부드럽고 강한 모든 소통 방식을 다양하게 쓸 수 있으니까요.

두 시간이 번개같이 지나갔습니다. 많은 질문과 저의 답변이 뜨겁게 오갔습니다. 저와 한 번도 같이 일해 보지 않은 후배 경영자들과 중간 관리자들이 참으로 열정적이고 진지하게 저와 대화하고자 하는 것에 커다란 감동을 받았습니다. 북토크가 끝난 후 사업 본부장인 R 사장은 "우리한테 이런 어른이 계신 줄 몰랐습니다. 저는 직원들과의 눈맞춤 같은 기본적인 것도 제대로 실천하지 못했다는 반성이 듭니다"라는 솔직하고 감동적인 코멘트를 해주기도 했습니다. 여러 참가자들이 멀리서만 보던 어렵기만 했던 사람이 가까이 다가와서 90도 인사를 해주니 너무나 감격스러웠다고 했습니다. 또 그룹의 공유 가치와 선배 경영자들에 대한 이야기를 진솔하게 나누면서, 오늘을 있게 한 역사를 알게 되어 울림이 컸다고 말했습니다.

서울로 오는 열차 안에서 저는 현장에서 받은 감동으로 가슴이 계속 뜨거웠습니다. 마치 고향에 돌아온 듯한 환대에 명정하게 깨어 있으면서도 편안함과 행복감으로 충만했습니다. 그리고 한편으로는 '나는 더 이상 이들의 회사 생활에 인사적으로 영향을 미칠 수 있는 아무런 권한이 없는 사람인데, 왜 내 얘기에 집중했을까'라는 의문이 들었습니다. 그러다 내 얘기를 통해서 그들이 스스로를 느꼈다는 데 생각이 닿았습니다. 매일 일에만 파묻혀 살다가 문득, 자기 자신을 만난 게 아닐까 싶은 거지요. 제가 회사 다닐 때 스스로 내 존재를 확인하고, 내가 하는 일에 대한 의미가 분명해졌을 때 엄청난 충만감을 느꼈던 것처럼 말이지요.

LG인화원장으로 가기 전, 대학 동창이었던 한 계열사 부사장과 점심을 먹은 적이 있습니다. 처음으로 물었습니다. 지난 8년간 사람들이 나에 대해서 뭐라고들 했는지. 그의 답은 이랬습니다. "자네를 원칙주의자라고들 말하던데? 그런데 사욕은 없다고 하더라." 그룹의 인사 영역에서 실무 책임자였던 저를 많은 임원들이 어려워했던 것도 사실이겠지만, 그 자리를 떠나면서 이런 피드백을 받으니 소명에 바탕해서 치·치·집으로 일해 온 것에 대해 제가 받을 수 있는 최고의 평가를 받았다는 생각이 들었습니다.

제가 현직에서 치·치·집으로 일하며 성취한 것이 계기가 돼 후배들이 저를 이 자리에 초청했을 겁니다. 그렇지만 만일 제가 느·조·심으로 삶의 모드를 전환하지 않았다면 이 만남이 이렇게까지 감동적이지는 못했을 겁니다. 은퇴 후 다른 기업이나 공공기관의

CEO로 갔더라면 후배들은 저를 과거 사장, 원장의 연장으로 보았겠지요. 그러나 이제 저를 작가로 칼럼니스트로 만나게 되니 더 이상 어렵거나 긴장되는, 즉 자기들이 잘 보여야 하는 사람으로 느끼지 않으면서 훨씬 편안해하는 것 같았습니다.

관계 맺기는 에너지 교환이 일어나는 것입니다. 에너지 교환은 서로가 서로에게 스며들면서 가능해지는 것 같습니다. 따로 흐르던 물길이 만나서 하나가 되려면 상대에게 내가 스며들어야 하지요. 그런데 스며들기 위해서는 내가 작아져야 합니다. 자아 축소를 통해서 나라는 입자가 작아지면 상대에게 자연스럽게 쉽게 스며들면서, 그 에너지는 상대로 하여금 자기 자신을 만나게 해줍니다. 이렇게 상대가 자기 자신과 만나게 되면, 그는 이윽고 자기 스스로를 만나게 한 나라는 존재를 알아보게 됩니다.

이러한 관계 맺기는 은퇴와 노화를 겪으면서 오히려 쉬워지는 것 같습니다. 은퇴와 노화는 내 신체적, 정신적, 사회적 한계를 받아들이는 계기가 되어 나 스스로 작아질 수 있기 때문입니다. 점점 끝에 가까워지기 때문이겠지요.

자아 축소로 낮아지고 작아져서 상대에게 다가가는 것이 아니라, 여전한 자아 팽창으로 지배하고 압도하려는 선배를 마음으로부터 좋아하는 후배들은 없습니다.

자신의 남은 삶에서 과연 무엇이 가장 중요한가를 알고 그것을 추구하면서 의욕적으로 사는 것은 참으로 훌륭합니다. 욕심 자체가 나쁜 것은 아닙니다. 그러나 무엇에 대한 욕심인가가 중요합니다. 과거의 지위와 영광을 내려놓지 못하고 어떻게 해서든 그것을 연장하고 지속하려고 애쓰는 것은 노욕(老慾)이지요.

"나를 내려놓고 자연에 빠져서 그냥 스며들듯 살면 돼요."

얼마 전 닥종이 예술가인 이종국 작가에 관한 방송을 보았습니다. 그는 "아름다운 삶이란 닥종이와 먹의 관계처럼 서로 스며드는 것이고, 스미고 번지고 젖어들면서 진정한 나를 만난다"고 했습니다. 예, 사람 간의 관계 맺기가 바로 이런 것 같습니다.

## 9
## 잘 헤어지는 것이
## 중요합니다

　근래에 한 후배를 만났습니다. 그는 회사에 입사해 17년을 같은 사업 본부에서 일하고 중견 간부가 되었습니다. 그런데 회사가 후배가 있던 본부의 사업 철수를 결정하면서 그는 다른 부문으로 재배치되었고, 그곳에서 일한 지 이제 4년 가까이 됩니다. 낯선 곳에서 일하게 되어 마음이 어땠냐고 물었습니다.

　"처음에는 마치 댐 건설로 수몰된 동네를 떠나서 도시 안에 혼자 덩그러니 있는 것 같았어요. 새 동네로 이사 오느라 이주금도 많이 받고 또 오고 싶은데 와서 사는 것 같은데도 허전해요. 어쩌다 옛 동네 이웃 사람을 만나면 반가우면서도 쓸쓸해요. 관계의 소멸이 힘들어요."

　4년 전 회사는 여러 해에 걸쳐서 누적된 적자를 해소하고 새로운 사업에 자원을 집중하기 위해 어려운 결단을 내렸습니다. 매각도 검토했지만 26년간 축적된 기술력과 특허를 회사 내에 보유하려고 사업 철수라는 방식을 선택했다고 합니다.

무려 7조 원이 넘는 큰 사업인 데다 직원도 3,000명이나 됐습니다. 그런데 이 엄청난 규모의 사업이 철수되었는데 직원들과 회사 간에 갈등이 표출되었다거나 분규가 났다는 소식이 들리지 않았습니다. 어떻게 그렇게 조용할까 궁금해하던 차에 그 사업의 본부장이었던 L 부사장도 아는 사이라 만나서 이야기를 들었습니다.

내용은 이랬습니다. 본사와 그룹 차원에서 최종적으로 사업 철수 결정이 내려지고 나서 L 부사장은 그룹 내 인력 재배치를 통한 고용 보장 방안을 건의했습니다. 그 건의는 본사와 그룹 차원에서 즉각적으로 받아들여졌습니다. 본사 CEO는 해당 사업 본부 구성원들에게 사업 철수 결정은 그들의 잘못 때문이 아니라는 따뜻한 위로의 메시지를 보냈습니다. 그리고 각자 원하는 곳에서 다시 시작하도록 최대한 자리를 찾겠다고 약속했습니다.

3,000명에 가까운 구성원들을 그룹 내 다른 회사로 재배치하는 것은 참으로 엄청난 작업이었음에 틀림없습니다. 2년여 전 사업을 키우라는 사명과 함께 이 사업 본부에 부임한 L 부사장은 이제 철수 작전의 책임을 맡아 마지막까지 질서 있게 퇴각을 이끄는 것이

자신의 소명이라고 받아들였습니다. 이 소명을 공유하기 위해 그는 임원, 팀장, 관리자 수백 명과 개인 면담을 하고 일과 삶에 관한 깊은 대화를 나누었습니다. 실행 단계에 들어가서는 '첫째, 누구에게나 공정한 기회를 제공한다. 개인적 친분에 따른 이동은 금지한다. 둘째, 지원 가능한 직무·지원 현황 등을 빠르고 투명하게 공유한다'라는 원칙을 정했습니다. 실제 이동 과정은 철저히 회사 간에 구축된 공식적인 소통 채널을 통해서만 진행되었고, 직원들은 희망 부서를 여섯 차례까지 써낼 수 있었습니다. 제출된 지원서에 바탕해 경영진과 임원들은 직원들이 옮길 자리를 최대한 많이 확보하기 위해 동분서주하며 땀을 흘렸고 4월에 시작된 재배치 작업은 9월이 되어서 완료되었습니다.

L 부사장의 역할은 여기에서 그치지 않았습니다. 직원들이 옮겨 간 그 회사들을 수시로 방문해서 그들을 격려할 뿐만 아니라 그들의 새로운 상사들을 일일이 만나서 전입자들에 대한 관심과 배려를 부탁했습니다. 인원을 받은 회사들도 전입자들이 잘 정착하도록 다양한 프로그램들을 가동했습니다.

그해 12월, L 부사장은 휘하의 임원 4명과 함께 회사를 떠났습니다. 주변 사람들이 사업의 철수는 당신의 잘못 때문이 아닌데, 불과 2년 남짓 근무한 당신이 왜 혼자 누적된 문제를 짊어지려고 하느냐고 물었더니, 그는 자신이 마지막 장수였기에 전투의 패배에 대한 책임을 져야 한다고 답했답니다.

"이제 사업 철수 완료 후 1년 반이 지났는데 마음이 어떤가요?"

당시 제가 물었습니다. 그는 말했습니다. "만일 제가 다른 자리로 가서 자리보전을 했다면 그건 나쁜 선례를 남기는 겁니다. 사업의 실패에 대해서 누군가는 책임을 져야 합니다. 제가 저 개인의 인사청탁을 하러 다니거나 사리사욕을 부렸으면 이번 사업 철수 작전은 성공하지 못했을 겁니다. 나라의 녹을 먹은 선비가 해야 할 바를 하듯이 저도 제 밥값은 했다고 생각합니다."

17년간 그 사업 본부에서 일하다가 다른 부서로 재배치된 그 후배에게도 다시 물었습니다. "가끔 만나게 되는 수몰된 동네 이웃들의 마음은 어떤 것 같아요?" 그가 답했습니다. "할 수 없이 언덕 위로 이사 왔지만 이젠 다시 살아볼 힘이 느껴져요. 회사가 사람을 돌본 것이라고 생각해요. 마음에 상처는 있지만 또 한편 다들 자부심을 느끼는 것 같아요. 내가 속해 있는 공동체가 참 좋은 곳이라고. 본부장님이 스스로 책임지고 회사를 떠난 건 너무나 마음 아프지만, 그래도 그분이 오셔서 사업 철수를 하신 게 참 다행이란 생각도 들어요. 다른 분들이라면 그렇게 못 했을 거예요."

시장에서는 비즈니스의 업다운이 있을 수밖에 없습니다. 수많은 회사가 생기고 또 사라집니다. 이런 현실에서 창업 후 356년을 머크 가문이 지배하면서 지속적으로 성공하는 기업으로 자리매김한 독일의 제약회사 '머크(Merck)' 같은 경우는 참으로 특이하다고 할 수 있지요. 그런데 그 회사도 자세히 들여다보면 사업 구조가 늘 변화해 왔다는 것을 알 수 있습니다.

회사도 사업도 생명체와 같습니다. 시장이라는 생태계에서 생존하고 또 지속 가능하기 위해서 혁신을 바탕으로 경쟁하고 성공하기도 합니다. 그러나 더 많은 경우에 예상하지 못한 충격으로 사라지기도 합니다. 한 회사 안에서도 모든 사업 부문이 동시에 모두 성장하기는 쉽지 않습니다. 창업하고 성장하는 것이 중요하고 신사업에 투자하고 키우는 것도 중요하지만, 또 한편 어떻게 포기하고 소멸하는가도 중요한 것 같습니다. 사라지는 건 회사나 사업일 뿐, 사람이 소멸하는 것은 아니기 때문입니다.

잘 소멸하면 마치 화산재가 비옥한 농토를 만들듯이 새로운 생명이 탄생하는 밑거름이 될 수도 있습니다. 다른 계열사로 재배치된 그 인원들이 지금은 특히 소프트웨어 분야에서 새 회사에 크게 기여하고 있는 것처럼 말입니다.

사람과의 관계도 마찬가지인 것 같습니다. 젊었을 때는 회사에서 또 일과 관련해서 수없이 많은 사람들을 만나게 됩니다. 이리저리 다양한 관계들이 만들어지고 그 관계 안에서 일상이 영위됩니다. 그러다 노년에 접어들면 새로운 만남은 줄어들고 헤어짐이 많아집니다. 늘 만나던 사람들이 더 이상 주변에 없다는 것을 실감하면서 마치 세상이 더 이상 나를 필요로 하지 않는다는 생각이 들기도 합니다.

그런데 다시 생각하면 기존 관계의 소멸이 새로운 만남을 가능케 할 수도 있습니다. 즉 일 중심의 관계에서 사람 중심의 관계로 넘어가는 전환의 계기가 될 수 있습니다. 상대방의 능력이나 지위보다는 그 사람 자체가 눈에 들어오기 시작하는 것이지요. 이해관계 때문이 아니라 상대방이 그 사람 자체로서 내게 소중하고 사랑스럽게 여겨지는 것입니다. 높고 낮고 잘나고 못나고로 평가하던 상대가 다시 보이기 시작합니다.

나이 들수록 관계는 더 진지해질 수 있습니다. 남은 시간이 별로 많지 않다는 것을 인식하면서 그 남은 시간이 더욱 소중해지기 때문입니다. 오래된 어떤 관계는 더 깊고 따뜻한 관계로 전환시킬 수도 있습니다. 내게 남은 시간 동안 내게 중요하지 않은 관계에 대해서는 에너지를 쓰지 않고 그냥 지나가게 둡니다. 잘 헤어지는 것입니다.

저 역시 은퇴 후 몇 년이 지나면서부터 차차 선배나 동료 임원들과 만날 기회가 줄어들었습니다. 회사 생활과 관련된 일 외에는 공통 관심사를 찾기 어려웠기 때문입니다. 다만 후배들과는 간혹 교류를 가져왔습니다. 제가 회사의 전임 CEO였고 상사였지만 지금은 칼럼니스트이자 작가인 선배로서 만나고 싶어 하는 경우들이지요. 그리고 봉사직으로 하는 몇 군데 이사직과 작은 모임들을 통해 비영리 단체의 구성원들, 언론인, 인문학자, 영성가와의 만남이 많아지기도 했습니다. 그 만남들을 통해서 저는 새롭게 다시 배우게 된 것들이 많아서 마음이 풍성해졌습니다. 또 제가 가진 경험과 인사이트를 나누어줌으로써 그들에게 도움이 되기도 합니다.

영화 〈스트레이트 스토리〉에서 73살의 앨빈 스트레이트는 10여 년간 연락을 끊고 살던 형 라일이 뇌졸중으로 쓰러져 위독하다는 연락을 받습니다. 죽기 전에 형을 만나 직접 화해하고 싶은 마음이 들지만 그 자신도 퇴행성 골반 관절염 등으로 인한 신체 장애로 자동차 운전 면허증도 없습니다. 그러나 그는 자신만의 힘으로 해내겠다며 30년 된 낡은 잔디깎이를 작은 트랙터처럼 개조하여 길을 떠납니다. 느리고 느린 6주간에 걸친 여정, 천신만고 끝에 결국 그는 형 라일을 만납니다.

이 만남은 어릴 때 같이 앉아 밤하늘의 별들을 함께 바라보던 그 관계의 부활입니다. 그리고 또 잘 헤어지기 위한 만남입니다. 앨빈은 형을 만나러 가는 도중, 자전거 여행을 하는 기운 찬 젊은이들을 만났습니다. 그중 한 사람이 이렇게 질문합니다. "나이 들면 좋은 것도 있죠?" 앨빈은 답합니다. "몸이 말을 안 듣는데 뭐 좋은 일이 있겠나. 하지만 나이를 먹으니 정말 중요한 게 뭔지 알게 돼. 부질없는 것에 얽매이지 않게 되지."

노년이 될수록 부질없는 것에 얽매이지 않게 됩니다. 얽매이지 않다 보면 잘 헤어지게 됩니다. 사람도 회사도 잘 헤어져야 합니다. 그래야 다음 인연에서 새로운 생명의 씨앗이 움트게 됩니다. 그리고 희망이 만들어집니다.

## 10

## 주연에서 조연으로, 선수에서 코치로

전에 없이 지속되는 폭염 속에서 온열 질환자 10명 중 3명이 65세 이상 연령대라는 보도에 조심조심 여름을 지내며 본 2024 파리 올림픽은 참 특별했습니다. 평소에는 운동 경기에 큰 관심이 없었지만 양궁, 배드민턴, 탁구 경기 중계를 열심히 찾아봤습니다. 특히 여자 양궁 국가대표팀이 단체전에서 36년 동안 한번도 빼놓지 않고 금메달을 따면서 올림픽 10연패를 해낸 것은 믿어지지 않을 만큼 감동적이고 경이롭기까지 했습니다. 남자 단체전도 3연패, 혼성 단체전, 남녀 개인전도 모두 금메달, 그야말로 전 종목을 석권한 엄청난 결과였습니다. 한 외신 기자가 '한국 선수들이 양궁 성적이 좋은 것이 고구려 때부터 활을 쏘아서 그런 것이 아니냐'고 말하는 것을 듣고 저절로 흐뭇한 미소가 지어졌습니다.

한국 양궁이 이토록 유례없는 성과를 거둔 비결에 대한 여러 가지 분석이 나왔습니다. 투명하고 공정한 선수 선발, 과학적인 훈련, 스폰서 기업의 일관된 지원 등 세 가지 요인이 언급되더군요. 국가대표팀 선발 경기가 아시안 게임, 올림픽 게임보다 더 힘들다는 얘기도 있었습니다. 오로지 당해 연도 선발전에서, 그때 그 순간에 얼마나 활을 잘 쏘는가만이 중요하다는 것이지요. 나이도 소속도 경력도 아무런 고려 대상이 되지 못한다고 합니다. 2020 도쿄 올림픽 3관왕이었던 안산 선수가 선발 경기에서 탈락한 것만 봐도 알 수 있습니다.

파리올림픽에서 3관왕을 차지한 김우진 선수가 "오늘 승리는 오늘일 뿐, 메달에 젖지 말라. 내일 아침 해가 뜨면 다 말라버린다"고 했는데, 대표팀 선발 시스템이 냉혹하리만치 공정하다는 걸 느낄 수 있었습니다. 올림픽 금메달 3관왕이 된 그가 4년 뒤 로스앤젤레스 올림픽을 겨누면서 스스로를 다잡는 정책이라는 생각도 들었습니다.

양궁 훈련은 치밀한 준비를 통해서 과학적으로 이루어집니다. 올림픽 본경기장의 건물 배치, 바람, 관중과 차량 소음까지 고려한 시뮬레이션 장소에서 연습하고, 100퍼센트 과녁 정중앙(X-ten)을 쏘도록 설계된 로봇과 경쟁합니다. 그뿐만이 아닙니다. 선수 각자 뇌의 편도체를 안정시키고 전전두피질을 활성화하는 명상 요법과 심리 훈련까지 합니다. 본경기 중계에서는 활시위를 당기고 쏠 때까지의 심박수를 보여줬는데, 김우진 선수는 쏘기 전 75비피

엠(Bpm·분당 심박수), 그리고 쏠 때의 극도로 긴장되는 순간에도 80~90비피엠에 머물러 있었습니다.

선발과 훈련뿐 아니라 후원도 중요했다는 평가도 많았습니다. 1985년 이후 40년간 한국 양궁을 지원해 온 현대자동차그룹의 일관된 원칙은 한마디로 '지원하되 간섭하지 않는다'라고 합니다. 대한양궁협회의 공정하고 투명한 운영이 후원 기업의 지원 원칙과 맞물려 경이로운 결과를 만들어낸 것이라는 뜻이지요. 장기적 관점과 이타적 철학을 가지지 않고는 할 수 없는 일입니다.

전 세계인이 지켜보는 가운데 시상대의 가장 높은 곳에서 금메달을 목에 거는 건 선수 개인입니다. 그러나 한 선수가 36년 동안이나 올림픽에 출전할 수는 없습니다. 아무리 기량이 뛰어나더라도 젊은 체력이 기본인 운동 선수로서의 현역 수명은 그리 길지 않으니까요.

양궁 대표팀을 보면서 한 조직이 지속적으로 뛰어난 성과를 낸다는 것은 구성원 개인의 역량만큼이나 혹은 그 이상으로 시스템에 의해 좌우되는 것이 아닌가 하는 생각이 들었습니다. 출전 선수는 매년 바뀌다시피 하지만 이 시스템에 의해서 선발된 이들은 예외 없이 금메달을 땄으니까요. 시스템이 제대로 구축되지 않은 상태에서 개인기에만 의존한 성과는 일회적일 가능성이 큽니다.

그런데 또 한편, 시스템이 구축됐다 하더라도 그것이 제대로 작동하도록 하는 주체는 사람입니다. 따라서 선수 개인의 능력과 지도자의 리더십이 갖추어지지 않고는 그 시스템이 지속 가능하지 않습니다. 같은 가치를 추구하는 사람들이 모여 일하는 조직에서 진정한 리더는 시스템을 더욱 정교화하고 진화시켜 나갑니다. 미래를 내다보며 후배들을 키웁니다. 그리고 자신이 이룬 성과에 대해서는, 김우진 선수가 말하듯이, 보람을 느끼되 집착하지 않으며 지나간 성과에 기대어 자신을 드러내려 하지 않습니다.

21년간의 회사 생활이 생각났습니다. 직원을 채용하고 승진과 퇴임을 결정할 때 어떤 기준으로 했었던가. 양궁에서는 선발전 성적에 따라 대표 선수를 뽑는데, 회사의 인사 결정 과정에서는 과녁 점수처럼 분명한 평가를 하기 어렵습니다. 과녁에 꽂힌 화살이 10점인지 9점인지 알 만큼 미세하고도 확실한 평가는 쉽지 않습니다.

기업에서는 인사, 노사, 교육 영역을 관장하는 부문으로서 일반적으로 'HR(Human Resource)'이라는 용어를 많이 씁니다. 그런데 조직 안에서 일하는 사람들은 'HC(Human Capital)', 인적 자본이기도 합니다. 능력 향상을 위한 투자의 대상이란 것이지요. 그런데 일하는 사람은 또 'HS(Human Source)'이기도 합니다. 창의력과 자발성의 원천이라는 것이지요. 그래서 여러 해 전에 LG에서는 이 부문의 최고 책임자를 CFO(재무, 회계, 금융), CTO(기술)와 같은 C-레벨로 끌어 올리면서 CHO(Chief Human Officer)라는 타이틀을 부여했습니다. 즉, 인사, 노사, 교육 부문을 모두 관장하면서, 일하는 사람이 가진 HR, HC, HS 측면을 모두 고려하는 최고 인사 책임자라는 의미입니다.

조직에서는 사람을 평가하는 것이 가장 어려운 일입니다. 그래서 정성적, 정량적 다면 평가가 도움이 됩니다. 그런데 무엇보다도 평가 기준이 명확해야 합니다. 그 조직이 추구하는 가치와 성과 목표에 기반해서 만들어진 기준이어야 하지요. 간혹 주니어 시절에는 좋은 평가를 받은 사람이 시니어 레벨로 승진하고 나서는 그만큼 잘하지 못하는 경우도 있습니다.

인사 대상자가 어떤 일을 얼마만큼 잘했는지는 파악할 수 있지만 그것도 미래의 성공 예측치로서의 한계는 분명합니다. 그럼에도 불구하고 양궁의 경우에서 재확인할 수 있는 것은 시스템의 중요성인 것 같습니다. 즉 회사에서 채용, 훈련, 육성 지원을 일관되게 하는 인사 시스템 구축이 기본이라는 것이지요.

양궁에서 과녁 한가운데 10점을 맞히는 것이 목표이듯이 회사가 추구하는 가치와 경영 목표가 무엇인지를 명확하게 하는 것이 시스템 구축의 최우선이라는 생각을 다시금 하게 됩니다. 그 가치와 목표가 분명해야 그에 부합하는 사람을 뽑고 또 승진시킬 수 있습니다. 그리고 힘들게 채용해 승진시키고는 그대로 내버려둔다면 그건 무책임한 일입니다. 여러 가지 필요한 교육과 훈련을 제공해야 하지요. 가장 효과적인 방법은 '일을 통한 훈련(OJT, On the Job Training)'입니다. 실제로 업무를 수행하면서 실수와 성공을 통해 배우고 성장하는 겁니다. 그러기 위해서는 리더가 옆에서 관심을 가지고 관찰하고, 피드백하고, 코칭해야 합니다. 이것이 바로 성장 지원이지요.

최고 기량의 운동 선수 중 일부는 30대 초에 은퇴한 뒤 지도자의 길을 가기도 합니다. 코치가 된다는 것은 더 이상 자신이 빛을 보고자 하는 것이 아니라 후배가 빛나도록 돕는 것입니다. 그러려면 현역 시절 증명해 보인 기량에 더해서 인품과 리더십이 갖추어져야 가능하겠지요. 회사에서도 현역일 때는 능력과 성과를 보여주고 자신이 돋보이고자 하는 마음이 당연합니다. 그러나 은퇴를 앞두고는 후배들을 돕겠다는 마음으로 전환하면 참 좋겠습니다. 주연에서 조연으로, 선수에서 코치로 자신의 존재 방식을 전환하는 것이지요.

사실 이런 마음은 은퇴하면서 어느 날 갑자기 저절로 생겨나는 것은 아닙니다. 현역 시절부터 이런 마음을 조금씩이라도 키우는 것이 필요합니다. 미리 연습을 해야 하는 것이지요. 그 과정에서 나의 선의에도 불구하고 상대로부터 반드시 좋은 반응만 오지는 않을 수도 있습니다. 그럴 때 실망감이 들 수도 있지만 모든 성장에는 그 과정에 따른 고통이 있게 마련이고 노년의 성장도 예외는 아니겠지요.

## 11

## 사람을 키우려면
## 먼저 그를 믿어야 합니다

가정이나 조직에서 사람을 키우려면 싫은 소리, 쓴 소리도 해야 합니다. 최근에 어느 중견 기업 임원인 한 후배가 한 얘기입니다.

"궁극적으로 우리가 사람을 키운다는 건 뭘까요? 예를 들면 자식한테도 이제 나이가 스무 살 이상이 되면 역할을 주고 손을 좀 떼주되 해야 할 얘기는 하는 거 아닌가 싶어요. 회사에서 제가 늘 고민했던 게 못 맡기고 위임하지 못했던 부분이었어요. 리더가 손을 떼야 공간이 생기면서 후배들이 성장을 할 수 있는 건데, 내가 일을 붙잡고 있으면서 이런 착각을 했던 것 같아요. '난 일을 열심히 하고 있어. 나는 지금 뭔가 큰 성과를 내고 있어.' 그런데 그게 아닌 거예요. 이런 성과가 아니라 다른 성과를 내야 되는데, 내가 후배들을 멍청하게 만들고 있는 거 아닌가……."

어떤 사람한테 일을 주고 위임할 때는 그 이전에 그 사람을 키우겠다는 결심이 우선 서야 합니다. 그리고 그 결심이 서려면 그 사람을 믿어야 합니다. 누군가를 키운다는 건 그 사람을 믿겠다는 의지의 표현이고 동시에 그 과정에서 꼭 칭찬만 하는 것이 아니라 쓴소리도 하고 지적도 할 수 있어야 합니다. 그리고 이 사람이 튕겨 나갈 수 있다는 위험까지도 감당하는 것입니다.

그런데 이렇게 하기 위해서는 장기적 관점이 필요합니다. 장기적 관점이 없으면 누구를 키우겠다는 생각을 할 수가 없지요. 그리고 장기적 관점을 가질 수 있으려면 사실은 자기 조직에 대한 신뢰가 있어야 합니다. 그 신뢰는 예측 가능성을 전제로 하는데 그걸 다르게 표현하면 공정함(Fairness)이지요. 즉 '이 조직은 공정하려고 굉장히 노력하는 조직이다'라는 신뢰가 있어야 합니다. 그런 신뢰가 없으면 조직 내에서 기회주의가 만연하게 되고 '각자도생'이 조직문화가 되어버립니다. '서로 돌봄'이란 조직문화에 바탕해서 만들어지는 장기적 성과를 기대할 수 없지요.

한두 달, 1~2년 정도 같이 일하고 우리는 헤어질 거라고 생각을 한다면 구태여 사람을 키우기 위한 투자를 할 마음이 일어날 리가 없지요. 내가 불안하고 회사를 길게 다니고 싶은 마음이 없으면 사람 키우는 데 투신할 수가 없습니다.

회사에서는 전략적 사고, 전략적 판단을 중요시합니다. 전략적 목표와 실행 없이 중구난방으로 경영하면 망하니까요.

그런데 사람을 키우는 건 또 조금 다른 영역인 것도 같습니다. 여기서 장기적 관점이란 전략적 판단을 넘어선 계산 없는 노력이라고 볼 수도 있습니다. 자식을 키울 때 내가 얘를 몇 살까지만 키우겠다거나 키우다가 그만두겠다거나 하는 계산을 하지 않지요. 그냥 매 순간 최선을 다합니다, 결과가 어떻게 될지 모르지만요.

불교에서는 '방편'이란 표현을 많이 씁니다. 말로 표현하기 어려운 어떤 진리에 관한 얘기를 할 때 진리 자체를 말할 수가 없으니 그에 가까이 갈 수 있도록 알아들을 수 있는 표현을 하는 것이지요. 사람을 키우는 과정에서도 방편을 쓰는 것이 필요할 수 있습니다. 그런데 '방편' 앞에는 늘 '임시'가 붙습니다. '임시 방편'이란 필요에 따라서 쓰지만 그것이 본질은 아니니 쓰임이 다하면 바로 버려야 하는 것이지요. 방편에만 매달리면 헛발질하다가 엉뚱한 데로 갈 수도 있습니다. 장기적 관점이란 그때그때 쓰는 방편에만 매달리지 않게 해줍니다.

근래에는 나이 좀 든 사람이 무슨 얘기를 하면 적지 않은 경우 '꼰대'라고 비난하는 것 같습니다. 윗대의 조언이나 업무상 지적에도 꼰대 낙인을 찍기에, 우리 사회가 어느 순간부터 꼰대가 되지 않으려 조심하는 게 지나쳐서 그냥 가만히 있어야 한다는 강박이 생긴 건 아닌가 싶기도 합니다. 그런데 소위 말하는 '좋은 어른'이 되고 싶어 하면서도 아닌 것을 아니라고 말하지 못하고 가만히 있는다면, 그건 좋은 어른으로의 길을 가는 것이 아니라 그냥 욕먹지 않는 '사람 좋은 어른'이 되고 마는 것 같습니다. 조직 내에서 꼰대라는 말을 듣지 않으려고, 리더들이 자기 역할을 하지 않으면 후배들은 키워지지 않습니다.

지난해 1월 카타르에서 열린 아시안컵 대회에서 있었던 축구 국가대표팀 주장 손흥민과 이강인의 불화설을 뉴스로 들으면서 그 조직에는 어른이 없는 것 같다는 생각을 했습니다. 클린스만 감독과 축구협회는 리더로서 개입해 문제를 해결하기보다는 당사자끼리 알아서 하라는 식으로 처신한 것으로 보였습니다. 과거에는 감독이나 코치들이 선수들의 잘못된 행동을 지적하고 혼을 냈습니다. 물론 폭력은 문제입니다만, 지금은 너무 방임하는 게 아닌가 싶습니다. 그 사건에서 진정한 리더는 손흥민이었습니다. 주장으로서 지적할 것을 분명하게 말했고, 사후에도 함부로 외부에 이러쿵저러쿵 말하지 않았지요. 이강인이 영국으로 와서 사과했을 때도, 캡틴은 이를 흔쾌히 받아들였습니다. 그리고 팬들에게 그를 용서해 달라고 부탁했습니다. 진정한 리더로서 후배 이강인을 키운 것이지요.

은퇴 후에 몸담은 한 시민 단체가 있습니다. 그 재단의 취지에 공감해서 시작된 인연이었지만, 이사가 된 지 7년이 넘었고 나이도 있어 이젠 그만둘 때가 된 듯싶다고 제 의사를 밝혔습니다. 내가 특별히 기여하는 바도 없고 그 재단의 일에 전문성을 가진 것도 아닌데 오래 했으니 이젠 후임이사 영입 작업을 시작해 달라고 했지요. 그랬더니 이사회에서 이사장과 상임 이사가 "그래도 못하게 하는 일을 하셨잖아요"라고 말했습니다. 돌이켜 보니 그 재단의 일과 관련해서 두세 번인가 제동을 걸었던 게 생각났습니다. 그걸 잘한 일이라고 평가해 준 모양입니다. 그러면서 "계시기만 해도 도움이 되니 연임해 주세요"라고 말하는 것이었습니다. 아마도 제 나름대로 그간 살아오면서 얻게 된 경험과 소신을 담아 "노(No)"라고 했던 것을 지혜라고 인정하고 받아들인 것 같았습니다.

제 존재만으로 도움이 된다는 얘기는 정말 고마웠습니다. 물러나 앉아서 아무것도 하지 않는 것이 노년의 지혜가 아니라 불교에서 말하듯 '하되 함 없이 하는 것'이 노년에 사람 키우는 방식이 아닌가 하는 생각이 들었습니다.

나이가 든다는 건 결국 사람을 키워내는 일, 그 역할로 종결된다는 생각이 듭니다. 대체로 사람은 가정에서는 자식들을 키우고 사회 활동을 통해서 다른 사람과 더불어 일합니다. 그리하여 은퇴 뒤 노년을 맞으면 "자식들 키우느라고 애 많이 썼겠네" "회사 생활 하면서 후배 가르치고 키우느라고 수고 많았겠네"라는 말을 듣습니다. 언뜻 더 이상 키울 사람이 없다는 말처럼 들리기도 합니다. 사실 가정에서 자식은 이미 장성했고 은퇴 뒤엔 내가 더 이상 회사에서 주도권을 행사하는 그런 삶이 아니기 때문입니다.

그런데 은퇴 후 노년에는 새로운 방식으로 사람을 키울 수 있습니다. 내가 주도하고 결단하고 책임지면서 내 경험과 노하우를 후배들에게 강요하는 것이 아니라, 젊은 후배들이 스스로 클 수 있는 계기를 만들어주는 것이지요.

제가 현직에 있을 때부터 기업의 사회 공헌 차원에서 회사의 지원을 이끌어내 도왔던 한 단체가 있습니다. 조직 구조 디자인, 리더 승계 프로그램, 안식년제 도입 등에 대해 몇 가지 제안을 하고, 또 젊은 실무자들을 그룹별이나 일대일로 만나 이들이 조직에서 일하면서 겪는 여러 갈등과 어려움에 관한 얘기를 듣는 시간도 종종 가졌습니다. 제가 해결책을 준 건 아닙니다. 다만 그들이 저와의 대화를 통해서 마음이 밝아지고 가벼워짐으로써 그들 스스로 일을 해결할 에너지를 얻어낸다고 느꼈습니다. 그 단체가 잘되기를 바라는 마음에서 한 일이었는데 이 역시도 사람 키우는 일이었다는 생각이 듭니다.

이처럼 간혹 어려운 상황에 처한 후배를 만나게 되면 사전에 '나는 해답을 주는 사람이 아니다. 답은 이 사람이 내는 것이다'라고 스스로 다시 다짐을 합니다. 만나면 그저 상황에 대해 묻고, 그가 처한 어려움과 그의 생각을 이해하려 할 뿐입니다. 이렇게 대화하다 보면 그 사람은 스스로 해결의 실마리를 잡고 가야 할 길을 찾아갑니다.

2023년 개봉한 다큐멘터리 영화 〈어른 김장하〉를 감명 깊게 봤습니다. 한약사로서 평생을 남 돕는 일을 하면서 살아온 김장하 선생은 그냥 좋은 사람이 아니었습니다. 엄격한 자기 원칙을 지켜온 분이었지요. 일생 동안 일관되게 남 앞에 나서지 않고 세상에 알려지고자 하지 않았습니다. 『풍운아 채현국』의 주인공 채현국 선생은 생전에 두어 번 식사 자리에서 만날 기회가 있었습니다. "꼰대들에게 속지 말라"고 외치신, 청년보다 더 청년 같은 분이셨지요. 두 분 모두 위축되지 않는 어른들이셨습니다. 저 역시도 그런 어른이 되려고 노력합니다.

 3장

누구와
함께하겠습니까

12

# 새롭게 살려거든
# 탯줄을 잘라야 합니다

저는 50대 중반부터 북한산 중턱의 한 주택에서 살고 있습니다. 17년 전 집 마당에 자작나무 서른 그루를 심었습니다. 그동안 서너 그루는 뿌리를 내리지 못해서 잘라내야 했지만 나머지는 아주 잘 자랐습니다. 그런데 심을 때는 모양과 크기가 비슷했는데 세월이 지나면서 유난히 굵게 큰 녀석도 있고 유난히 키가 하늘을 찌를 듯 커진 녀석도 있습니다. 놀러 왔다가 이 나무들을 본 정원 관리사 친구의 말로는 이 집 마당으로 북한산 자락을 타고 내려오는 바람길이 지나가는데, 첫 바람을 온몸으로 맞는 녀석이 가장 튼실하게 큰 거라고 합니다. 아, 나무가 그렇듯 사람도 비바람을 맞으며 견뎌온 사람이 큰 사람이 되는 건가 하는 생각이 들었습니다.

바람이 불면 잎들이 자작자작 소리를 내고 비가 내리면 후두둑 물방울을 털어내고 햇살이 비치면 온통 초록을 반사합니다. 백옥같이 하얀 몸통으로 자태를 뽐내다가 가을이 되면 황금빛 잎사귀들을 보여주고는 이윽고 다 떨구고 다음 해를 준비합니다. 해가 갈수록 잘 자란 자작나무 가지와 잎사귀들이 아주 무성해졌습니다. 그 덕분에 대문을 열고 집으로 들어오면 마치 숲속 터널을 지나는 듯이 상쾌하지요.

그런데 한편, 걱정거리도 생겼습니다. 키가 너무 큰 녀석이 혹시 여름 태풍에 쓰러져 전깃줄을 치면 사고가 나지 않을까 하는 것이었지요. 뿐만 아니라 너무 무성해진 나무들이 그늘을 만들면서 마당을 어둡게 하고 아래에 있는 화초늘이 크는 걸 방해하는 것도 알게 되었습니다. 그래서 올봄에는 큰맘 먹고 대대적인 가지치기를 했습니다. 나무에게 가장 중요한 뿌리와 몸통을 보전하면서 상대적으로 덜 중요한 가지들을 쳐냄으로써 가장 중요한 부분에 에너지를 집중하는 것이지요. 너무 큰 녀석들은 키를 낮추고 가지들도 정리하고 보니 윗동이 잘려 뭉툭해진 모습이 보기에 좀 민망했습니다. 그러나 조만간 또 저절로 무성해지겠지 하면서 저를 위로했습니다. 마당이 환히 밝아지고 햇볕이 잘 드니 화초들도 아주 좋아하는 듯했습니다.

요즘 여태껏 살아온 날들에 비해서 제 인생에 남은 시간은 훨씬 짧다는 사실이 현실로 다가옵니다. 나는 과연 몇 년이나 더 지금과 같은 명정한 정신력을 가지고 살 수 있을까? 육체적으로는 아흔을 넘기고 백 세를 바라볼 수 있다고 하지만 정신도 그럴 수 있는 걸까? 아, 나에게 남은 시간이 많지 않구나! 그럼 길지 않게 남은 이 시간을 어떻게 보내야 하나? 이런 질문이 떠오르자, 제 인생의 가지치기를 해야겠다는 생각을 하게 되었습니다. 그러자 지금까지 있었던 이런저런 일들이 떠올랐습니다. 크게 후회되는 일은 별로 없었습니다. 아마도 그동안 후회를 많이 해봐서 그런 건지도 모르겠습니다.

그런데 아쉬웠던 일들이 떠오르기는 합니다. '아, 그때 네가 그랬지. 다르게 했으면 더 좋았을 텐데……. 그래, 그렇지만 외롭고 불안하고 힘들어서 그런 거였지? 그래, 괜찮아' 하는 생각도 올라왔습니다. 그러면서 아랫배에서부터 '이제 시간이 별로 없는데 내 남은 삶에서 뭐가 중요한 거지? 남은 에너지를 어디에 집중해야 하는 거지?'라는 질문이 강렬하게 솟구쳐 올라왔습니다.

이런 생각을 하게 된 건 근래에 가까운 지인 중 40대, 50대, 60대 세 사람이 아프면서부터입니다. 삶과 죽음이 저 멀리 생각 속에서가 아니라 제 주변의 현실에서 다가왔습니다. 특히 그들 중 한 사람의 소식을 접하고는 유달리 큰 충격을 받았습니다. 그러고는 그런 저에게 놀랐습니다. 이렇게까지 충격을 받는 제가 정말 생경했지요.

한동안을 그렇게 지내던 어느 날, 그 사람에 대한 과거의 기억과 감정들이 마치 아침 햇살에 사라지는 이슬방울같이 증발해 버리는 것이었습니다. 그러면서 드는 생각이 '사람이 아프다, 생명보다 더 중요한 게 뭐가 있겠나!' 남아 있는지도 몰랐던 감정의 잔유물들이 마치 마당의 자작나무 가지치기하듯 다 제거되어버리고 단지 하나, 생명의 소중함에 대한 절절한 마음만이 남는 것이었습니다.

많이 남아 있지 않은 시간이기에 소중한 사람들과의 사이에서 사랑의 물길을 확보하고 생명의 물이 흐르도록 하는 것, 이보다 더 중한 것은 없다는 생각이 들었습니다. 덜 중요한 것들을 쳐내면 중요한 것에 집중할 수 있겠지요. 나무의 윗동과 가지를 친 건 죽이는 일이 아니라 살리는 일이었습니다. 뿌리를 보전하고 둥치가 더 잘 크게 하기 위함이었습니다.

얼마 전 태아와 신생아에 관한 인터뷰 영상을 보았습니다. 엄마 뱃속에서 태아는 오로지 탯줄 하나에 의존해서 생명을 이어갑니다. 만일 그 탯줄이 끊어진다면 죽게 되겠지요. 하지만 신생아로 태어나면서 탯줄은 끊어져야 합니다. 새 세상으로 나왔는데도 그 전에 익숙하고 편안했던 그 탯줄에 여전히 의지하려고 하면 새 세상에서는 죽음을 맞이해야 할 겁니다. 탯줄을 끊어야 숨을 쉬고 새로운 세상에서 살 수 있습니다. 불교에서는 배를 타고 강을 건넜으면 그 배를 버리라고 말합니다. 물이라는 세상에서 배는 생명을 지켜주는 도구이지만 땅이라는 세상에서는 그 배는 거추장스러운 짐일 뿐이라는 것이지요.

누구나 현실에서 사회적 성취를 추구하며 살려면, 필수적으로 자신이 속한 조직이나 사회가 가지고 있는 기존의 제도와 문화 그리고 관행을 이해하고 인정하면서 안팎의 사람들과 연결된 네트워크를 필요로 하지요. 자연스럽게 남들이 만들어놓은 기준에 나를 맞추게 됩니다.

그런데 삶의 스테이지가 바뀌어 일에서 떠난 저에게 그 방식은 더 이상 저의 온전한 삶을 위한 자양분을 공급해 주는 것이 아님을 알게 되었습니다. 특히 사람들과의 관계도 예전과 달라졌습니다. 성과와 인정을 위한 이해관계보다는, 그 사람 자체가 소중하고 또 그와 나누는 교류 그 자체가 제게 행복과 기쁨을 주는 그런 관계를 원한다는 것을 알게 되었습니다. 그런데 이렇게 옮겨가는 과정이 수월하고 순탄하지만은 않았습니다. 나는 더 이상 조직에서 의사 결정을 하거나 권한을 행사하고 책임지는 일은 하지 않겠다고 결단하고는 맡고 있던 직책도 사임하고 또 새로운 자리 제안을 고사했습니다. 그런데 막상 다 내려놓고 나서는 한동안 후회에 휩싸였습니다. 너무나 허전하고 적막했지요. 몸이 마음을 따라오지 못하여 힘들고 고통스러웠던 시간이었지요.

예, 새 세상에 나온 신생아는 숨을 몰아쉬며 목청 높여 울게 마련이지요. 저에게는 그런 시간이었던 것 같습니다. 아기가 엄마 뱃속을 떠나 새 세상에 나와서 살 수 있기 위해서는 누군가가 아기 몸의 탯줄을 잘라주어야 합니다.

돌이켜보면 제가 한 일은 새롭게 잘 살 수 있기 위해서 제 손으로 탯줄을 자른 것이었습니다. 은퇴와 노화라는 새로운 세상을 살아내기 위해서는 스스로 마음의 탯줄을 자르는 수밖에 없는 것 같습니다. 그랬을 때 비로소 내가 마주한 새로운 세상이 제대로 보이면서 아, 이 세상이 참 아름답구나! 하고 느낄 수 있게 되지요. 삶을 가지치기하고 마음의 탯줄을 자를 때, 새로운 기운으로 새롭게 살 수 있습니다.

## 13
## 새로운
## 사회적 가족을 허하라

몇 해 전 추석 사나흘 전부터 갑자기 기침이 나고 목이 아팠습니다. 코로나 바이러스가 한창 기승을 부리던 때였습니다. 감기겠지 하다가 혹시나 해서 추석 전날 보건소에 갔습니다. 만 60살 이상은 고위험군이라고 여전히 무료로 검사해 주더군요. 젊은이에 비해서 노인은 면역 체계가 약해 바이러스에 감염되면 위험할 수 있으니 그러는 것이지요. 한편으로 고마우면서도 한편으로는 제가 생로병사의 여정에서 마지막을 향해 가고 있는 일흔 살의 문턱에 와 있다는 현실감이 들기도 했습니다.

추석 당일 오전 9시, 확진 문자를 받았습니다. 전에 비해 유행이 심하지 않아서 일상에서 대체로 마스크도 착용하지 않던 분위기였는데, 많이 당황했습니다. 벌써 두 번째였습니다. 자가 격리가 더 이상 예전처럼 강제는 아니고 권고라고는 하지만, 연휴 기간 내내 나 홀로 자가 격리를 했습니다.

그런데 더 큰 문제가 있었습니다. 연휴 마지막 날에 딸이 사는 프랑스에 갈 예정이었지요. 열세 시간 동안 마스크를 착용한 채로 비행기에 타는 게 너무 힘들고 다른 승객에게도 폐를 끼칠 것 같았습니다. 아무래도 갈 자신이 없었습니다. 큰딸과 통화해서 사정을 말했습니다. 실망하는 기색이 역력했습니다. 저 역시 오랜만에 딸을 볼 계획이 갑작스럽게 무산되니 너무 아쉬웠지요. 여행 취소로 비용 손해도 컸지만, 무엇보다 몇 달 동안 세심하게 저와의 여행을 준비한 딸에게 정말 미안했습니다.

남들은 북적거린다는 명절에 혼자 질병을 마주하면서 홀로 늙어가는 것에 관한 여러 생각이 들었습니다. 저는 노화와 밀접한 관련이 있는 심혈관 질환을 앓고 있습니다. 어머님도 평생 고혈압으로 힘들어하시다가 결국은 뇌졸중 후유증으로 80대 중반에 돌아가셨습니다. 저는 어렸을 때부터 집에서 어머님의 혈압을 재드렸는데, 어머님은 제게 "마흔 살이 넘으면 꼭 혈압 관리를 하라"고 말씀하시곤 했습니다. 외가 쪽 어른들이 비슷한 질환으로 돌아가시기도 했으니, 어머님의 걱정이 이해됐습니다.

저도 피할 수 없었던 걸까요. 몇 년 전 건강 검진에서 관상동맥 한쪽에서 40퍼센트 정도 협착이 발견됐습니다. 아무런 자각 증상이 없었는데도 말이지요. 이후 의사의 권고에 따라서 약을 복용하면서 정기적으로 협착 진행 상황을 체크해 온 게 몇 년째입니다. 협착 진행이 더뎌 괜찮을 수도 있겠다고 내심 안도하기도 했습니다.

그런데 지지난해 12월 실시한 세 번째 심혈관 조영술에서 협착 정도가 90퍼센트까지 진행됐다는 진단을 받았습니다. 의사는 노화와 밀접한 관계가 있다고 했습니다. 생성된 모든 것은 소멸한다는 불교의 가르침이 다시 또렷이 마음속에 올라왔습니다. 무엇이든 오래 쓰면 닳고 또 부서지기 마련이지요. 70년 넘게 작동을 했으니 신체의 각종 기관들은 조금씩 기능이 떨어집니다. 그런데 마치 지금이 영원할 것 같은 착각 속에서 살아온 저는 이 현실에 적잖이 당황하고 실망감이 컸습니다. 무엇보다도 심장 혈관 안에 그물 같은 금속 장치를 장착하고 끝까지 산다는 게 영 이상하고 내키지 않았습니다.

올해 초, 어쩔 수 없이 심혈관 스텐트 시술을 받기 위해 2박 3일 동안 병원에 입원해야 했습니다. 시술만으로도 걱정과 긴장이 됐는데, 저에겐 스트레스 요인이 하나 더 있었습니다. 입원 수속 시 수술·시술 동의서를 받을 때 병원이 보호자를 요구했기 때문입니다. 보호자 자격은 배우자나 혈육이어야만 한다고 했습니다. 법으로 정해진 것은 아니라고 하지만 대다수의 병원이 자기 편의대로 민법상 부양 의무자에 해당하는 사람들만을 보호자로 요구하고 있었습니다. 저처럼 가족 모두 외국에서 사는 경우에는 참 난감한 상황이지요. 사정사정 끝에 간신히 가까이 지내는 친구 한 사람을 보호자로 지정할 수 있었습니다.

'이웃사촌'이 보호자가 될 수 없다는 것은 참 안타까운 일이었습니다. 앞으로 점점 더 저와 같이 홀로 늙어가는 사람들이 늘어날 텐데, 최소한 한 개인이 자발적으로 누군가를 보호하고 부양하겠다는 뜻을 피력한다면 거기에 찬물을 끼얹지는 말아야 하는 게 아닌가 하는 생각입니다.

병원의 배려 덕에 친구를 보호자로 등록할 수 있었지만, 개인의 선의만으로 사회가 잘 운영될 수는 없습니다. 그래서 제도가 필요하고 법이 필요한 것이지요. 그래서 저는 '생활동반자법'에 관심을 갖게 됐습니다. 프랑스, 영국, 독일, 스웨덴 등과 미국의 일부 주에서 이미 시행되고 있는 제도지요. 자료를 찾아보니 2005년에 국가인권위원회가 '혼인·혈연·입양으로 형성된 가족 및 가정만을 적용 대상으로 하는 '건강가정기본법'이 실질적으로 가족 및 가정의 기능을 형성하고 살아가는 이들에 대한 차별을 초래할 우려가 있다'며 법 개정을 권고한 적이 있더군요. 다양한 가족과 가정의 형태를 수용할 수 있도록 하라는 것이었지요.

2014년에는 진선미 새정치민주연합(현 더불어민주당) 의원이 생활동반자법 초안을 만들었지만 '가족 관계에 혼란을 주고 동성혼을 합법화하는 우회 입법'이라는 보수 종교계의 극심한 반대에 부딪혀 발의조차 하지 못했다고 합니다. 2023년 4월에는 용혜인 기본소득당 의원이 공동으로 법안을 발의했지만 여전히 강고한 반대에 부딪혀 국회에서 멈췄습니다. 우리 사회는 유럽 여러 나라에 비해서 친밀한 관계에 관한 생각이 아직도 과거에 머물러 있는 것 같습니다. 저처럼 홀로 늙어가는 사람들이 의료 혜택을 쉽게 받기 위해서라도 변화가 있었으면 좋겠습니다.

 ❦

 돌봄이든 보호이든 많은 부분을 가족이 책임을 집니다. 저는 가족이란 꼭 혈연으로 얽힌 사이만이 아니라 '사랑하는 사람들 간의 관계'가 아닌가 하는 생각을 오래전부터 해왔습니다. 물론 그 사랑이 '법적으로' 발현되는 관계는 배우자, 또 혈연 관계지요. 그러나 법적으로 배우자나 혈연이라고 해서 반드시 사랑이 흘러넘치고, 서로에 대해 깊은 신뢰와 책임감을 갖는 것은 아닌 것 같습니다.
 반면 배우자나 혈연이 아니라 해도 함께 살면서 서로가 깊이 헌신하고 사랑하는 관계가 있을 수 있습니다. 일본 도치기[栃木]현 나스마을[那須町]에 만들어진 노인 주택 단지를 보면, 사람들이 같은 집이나 가까운 이웃에 살면서 서로를 살피고 돌보는 생활 공동체를 이루고 있습니다. 그뿐 아니라 역사 속에서 오랫동안 이어져 온 여러 종교의 수도 공동체도 마찬가지라고 생각됩니다. 핵심은 '사랑이 있는 관계'이며 그것은 전통적인 가족 관계에만 배타적으로 주어지는 것은 아니라는 생각입니다.
 최근에 다큐멘터리 〈100세까지 살기: 블루존의 비밀〉을 아주 흥미롭게 봤습니다. 작가 댄 뷰트너는 그리스, 이탈리아, 코스타리카, 일본, 미국 등에서 100살이 넘는 주민이 밀집해 사는 다섯 곳을 찾아서 장수의 비법을 찾습니다. 그 뒤 이런 지역을 '블루존'이라고 명했지요. 장수의 중요한 조건으로 기후와 지리적 환경, 음식, 운동, 일, 봉사 등등의 요인 외에 그는 지역 공동체의 중요성을 발견합니다. 같이 모여 지내다가 더 이상 움직이기 힘들어지는 노인은 요양원에 보내지 않고 동네에서 함께 돌봅니다. 생의 마지막 단계에서도 사람들과 소통하고 사랑을 나누는 것입니다. 요양원에서 마지막을 보낸다는 것은 사실상 사회적 관계가 단절되는 것입니다.

그러니 세상을 떠날 때 따스하게 보듬음을 받을 수 있도록 공동체 기반의 사회적 돌봄이 많아지면 참 좋겠습니다. 사랑하는 사람들과의 관계 속에서 자신의 삶을 마칠 거라는 걸 미리 알면, 안도감과 평화 그리고 따스함과 슬거움 속에서 장수할 수 있지 않을까요?

## 14
## 혼자도 좋고,
## 함께도 좋다

저는 대학교 때부터 선배를 따라서 산을 다니기 시작했습니다. 처음 따라간 설악산에 완전히 빠져버렸지요. 그러다가 미국 유학을 갔을 때 5층 높이의 도서관에서도 창밖에 보이는 게 오로지 숲과 평야뿐인 그 풍경이 너무나 어색하고 허전했던 기억이 있습니다. 여름 방학 때마다 아이들을 차에 태우고 며칠을 달려 국립공원에 가서 캠핑을 했습니다. 높은 산과 깊은 계곡, 청명한 호수와 풍성한 숲, 그 자연이 너무나 좋았지요.

귀국 후에 다시 등산을 시작했습니다. 그러면서 가끔 생각했습니다. '나는 왜 이렇게 자연 속으로 들어가는 걸 좋아할까?' 얼마 전 답을 찾았습니다. 장엄한 자연 속으로 들어가면 자연이 나와 분리된 대상이 아니라 내가 자연 속으로 녹아 들어가 그대로 하나가 되는 경험을 하는 것이었습니다. 평소에 '나'라고 생각하던 '에고'를 잊는 것 같습니다. 일상에서는 대상과 내가 늘 분리되어 있는 삶을 삽니다. 이 분리감이 긴장감과 스트레스를 가져옵니다. 그러다가 그 하나 됨을 경험하면서 그 긴장감이 사라지는 것이지요. 어쩌면 '나'라고 여겼던 그러나 실은 끊임없이 변하는 나의 몸과 마음, 생각과 감정에 더 이상 끄달려가지 않게 되는 것이 아닌가, 그 바탕에 있는 근원적인 고요함의 에너지에 접속되는 것이 아닌가 하는 생각을 했습니다. 고요해야 소리를 담을 수 있습니다. 텅 비어야 내게 필요한 물건을 채워 넣을 수 있습니다.

저는 가족이 모두 외국에 살고 있어서 주로 혼자 지내고 있습니다. 그렇지만 단절되어 있다고 느끼지는 않습니다. 페이스북 덕분에 자식들과 손주들을 영상으로 자주 봅니다. 간혹 과거 회사 동료들을 만나면 제게 "왜 당신은 은둔하고 사느냐?" 묻는 경우가 있습니다. "기운이 없어서 그래"라고 답하고 웃고 말지만, 실은 저는 주변에 마음을 나누는 좋은 친구가 많습니다. 물론 가족이 가까이 있지 않으니 더욱 친구들과 가깝게 지내게 되기도 하겠지요.

한편, 가족과의 관계는 '내가 너를 안다'가 전제되어 있는 경우가 많은 데 비해 지인들과의 관계는 '내가 너를 잘 모른다. 그런데 궁금하다'라는 점에서 다릅니다. 그래서 흥미롭고 소중한 것 같기도 합니다. 그래도 혼자 지내다 보면 가장 외로움을 느낄 때는 설이나 추석 명절 때인 것 같습니다.

몇 해 전 11월 초에 제주도에 갔습니다. 매년 11월 첫 주 목, 금, 토 3일 동안 열리는 '제주올레걷기축제'에 참가하기 위해서였지요. 축제에서는 올레길 전체 27개 코스 중 그해에 정한 3개 코스를 많은 참가자들과 함께 걷습니다. 13회째였던 그해엔 사전 등록한 참가자가 2,300명이나 되었다고 합니다. 각 코스가 지나가는 마을의 부녀회와 주민들이 점심을 준비하고 음식을 나릅니다. 자원 봉사자 수백 명은 교통을 정리하고 코스를 안내합니다. 이들뿐일까요. 코스 중간중간 다양한 공연을 펼치는 아티스트들과 합창 단원까지 하면 3,000명 이상이 축제에 함께했습니다. 그야말로 남녀노소가 섞여서 같이 걷고 일본, 몽골, 미국, 캐나다 등에서 온 수백 명의 외국인도 격의 없이 어울린 성대한 축제였습니다.

저는 첫날 늦게 도착하는 바람에 나머지 이틀 동안 두 코스의 일부 구간만 걸었습니다. 둘째 날, 12코스 중간 한 포구에서 시작해서 오름을 거쳐 차귀도가 보이는 바다 절벽 길 구간을 걸었습니다. 함께 출발한 지인들과 가까이서 걷다가 차차 서로 떨어져서 걷게 되었습니다. 그러면서 전혀 모르는 사람들과 나란히 또 앞뒤로 섞여서 걷는데 한결같이 그들 모두가 정겹게 느껴졌습니다.

한 사람 한 사람 모두 표정이 밝고 환하고 명랑했습니다. 대화도 상쾌했습니다. 발개진 얼굴로 걸으면서 길에서 얻은 기쁨과 치유의 경험을 주저 없이 나누었습니다. 도심에서 복닥거리다가 자연 속에서 함께하면 모두 순수해지고 편안해지는 것 같습니다. 지인의 추천으로 처음 걸으러 왔다는 한 중견 기업 대표는 일에서 생긴 온갖 부담과 무게를 다 비울 수 있었으면 하는 바람만 가지고 왔는데, 걸으며 비워진 자리에 싱싱한 기운이 채워지는 것을 느꼈다고 합니다. 역시 비워야 채워지는 것 같습니다.

그렇게 걷다가 제 지인들을 다시 만났습니다. 잠시 헤어졌다가 다시 만났는데도 반가웠습니다. 다음 날은 오름과 숲길을 걸었습니다. 함께한 길동무들이 저더러 체력이 좋아졌다고 말합니다. 좋아진 기분으로 한참을 걸어 포구에 도착해 근처 한 카페에 잠시 들어갔습니다. 그런데 잠시 후 남녀 한 커플이 들어오는데 언뜻 보니 저와 아주 가까운 친구들이었습니다. "아니, 우리가 여기서 이렇게 만나다니!" 악수하고 서로를 안고 소리치면서 반가워했습니다. 차를 같이 마시고 한참 얘기를 나누다가 다음 날 점심을 같이 하기로 약속하고 헤어졌습니다. 숲, 오름, 바닷가 길에서 낯모르는 수많은 사람과 같이 걸으면서 얻는 기운도 좋고, 친한 사람을 뜻밖에 만나 누리는 기쁨도 참 컸습니다.

사실 과거의 저는 혼자 생각에 잠겨서 걷거나 한두 명의 지인과 같이 걸었지, 전혀 모르는 수백 명의 사람들과 섞여서 걷는 것을 그리 내켜 하지 않았습니다. 걷고 싶으면 혼자 걸으면 됐지, 왜 구태여 이렇게 많은 모르는 사람들과 같이 걸어야 하나 싶었지요. 현직에 있을 때 저는 연휴만 되면 도심과 사람을 떠나 등산을 하거나 호젓하게 올레길을 걸었는데 그것이 제게는 디톡스이자 테라피

였던 것 같습니다. 그런데 이 걷기 축제에서 낯 모르는 수많은 사람과 섞여서 걸으며 묘한 체험을 했습니다. 혼자 혹은 몇 명과 걸을 때는 느끼지 못했던 역동하는 에너지를 처음으로 느꼈지요. 바다를 배경으로 둑길을 걷는 구간이었는데 줄지어 걷는 수백 명의 무리에서 나오는 활활거리는 기운이 제게 강렬하게 전해졌습니다. 혼자 걷는 것도, 함께 무리로 걷는 것도 필요하구나, 거기서 각각 또다른 생명 에너지를 얻는구나 싶었습니다.

사실 젊은 날에는 일하면서 원하든 원하지 않든 많은 사회적 관계를 갖게 됩니다. 거기에 많은 에너지를 쓰면서 또 시달리다 보니 종종 혼자 있고 싶어졌던 것 같습니다. 또 한편, 사회적 관계 속에서 나도 모르게 사람을 판단하는 어떤 포맷이나 프레임 같은 것이 생겨난 것 같습니다. 그 안에 들어오면 괜찮지만 그렇지 않다고 생각될 때는 관심을 갖지 않게 됩니다. 그러면서 그런 태도가 나도 모르게 사적 관계에도 영향을 미쳤던 것 같습니다.

그런데 은퇴하고 사회적 관계들이 대폭 줄어들면서 자연스럽게 저에게는 사적 관계들 그 자체가 더 중요해진 것 같습니다. 차차 상대방의 능력, 역할, 지위 같은 것들은 별로 중요하지 않게 여겨지기 시작한 것이지요. 그 사람 자체에 눈이 가고 관심이 생깁니다. 노년에도 남들과 더불어 살아야 하기 때문에 사회적 관계는 여전히 중요합니다. 그러나 사적 영역에서의 관계에 에너지를 더 쓰게 됩니다. 그러면서 혼자 걷는 것도 좋지만 함께 걷는 데서 전에 모르던 즐거움과 행복감과 에너지를 얻게 됩니다.

최근 한 친구가 전해준 이야기도 떠올랐습니다. 제법 긴 여행을 자기 친구와 함께했는데 며칠은 같이, 또 며칠은 따로 여행하다가 또 다시 만나 여행했다는 겁니다. 그 여행 기간에 한 번도 싸우지 않았다면서요. 그런데 결혼을 하고 나서 남편과 열흘 동안 24시간 붙어서 여행했는데 수차례나 다퉜다는 것이지요. 우리는 누구나 종종 혼자 있을 수 있어야 합니다. 혼자 있음으로써 자기 자신과 만나고 또 자기 영혼을 돌볼 수 있게 되는 것 같습니다. 그러면서 다시 근원적인 생명 에너지를 충전받고 그 기운을 남과 함께 주고받으면서 잘 지낼 수 있게 되는 것이지요.

축제는 끝났고 제가 머물렀던 집 열린 창문으로 상큼한 꽃향기가 살며시 밀고 들어왔습니다. 11월 초, 은목서가 수없이 많은 조그맣고 하얀 꽃들을 피우면 이 동네는 달콤하고 상쾌한 꽃향기의 향연을 펼칩니다. 늦가을의 제주는 찬란합니다. 제주도에 오면 가장 먼저 드는 생각이 하늘이 넓다는 것입니다. 참으로 시원하고 편안합니다. 시야를 가리는 고층 건물들이 별로 없어서 그렇겠지요. 광활한 수평선이 놓여 있는 바다를 보면 더욱 그렇습니다. 마음도 같이 넓어집니다. 그런데 제주도는 그냥 무작정 넓은 것만은 아닙니다. 한가운데에 한라산이 당당히 중심을 잡고 있습니다. 그래서 마음이 놓아집니다.

15

# 후배 부부에게 배운
# 이해와 배려의 힘

　　미국에서 공부하던 30대 때, 앞서 말했듯 저는 여름 방학이 되면 자동차 지붕에 캠핑 도구를 잔뜩 싣고 아이들과 함께 국립공원을 다녔습니다. 그중에서도 옐로스톤은 참 특별했습니다. 출발하기 한 달 전부터 내셔널지오그래픽에서 출간한 국립공원 안내 책자를 사서 어느 길로 가서 어디에서 캠핑을 할지, 어디를 가볼지를 꼼꼼하게 선정하고 계획을 짰습니다. 동서남북 네 군데 캠프 사이트를 정해서 일주일 동안 매일 한 군데씩 옮겨 다녔지만, 조금도 힘들지 않았습니다. 그런데 이제는 다릅니다. 좀 느리게 여유 있게 움직여야 즐겁습니다.

5년 만에 외국여행을 갔습니다. 코로나 팬데믹 기간뿐만 아니라, 그 이후에도 외국여행은 엄두를 못 냈습니다. 패키지 여행은 짜인 일정대로 함께 움직이는 게 부담스러웠고, 혼자 여행을 즐기는 나이는 이미 지났습니다. 더구나 최근엔 발목과 무릎 관절염 때문에 오래 걷는 건 조심스럽기도 했고요.

그러던 차에 오랫동안 친구처럼 지내온 젊은 후배 부부가 함께 외국 여행을 다녀오자고 권했습니다. 결혼 20년 차인 후배 부부는 잉꼬부부에, 적극적이고 활력이 넘치는 40대 후반입니다. 고마웠지만 망설여졌습니다. 외국에 나간 지도 오래됐거니와, 익숙하지 않은 환경에 놓인다는 것이 부담스러웠습니다. 일정 계획을 짜고, 숙소와 방문지를 예약하고, 공항을 오가며 출입국 과정을 거칠 자신이 없었지요. 또 현지에서 거듭 이동해야 하는 게 엄두가 나지 않았습니다.

제 걱정에 후배 부부는 자기들이 모두 다 할 테니 저는 그냥 공항에 나타나기만 하면 된다고 했습니다. 그러면서 제가 선호하는 바를 알려달라더군요. 저는 우선 너무 멀지 않았으면 좋겠다, 장거리 비행은 좀 힘들 것 같다고 했습니다. 그랬더니 일본 홋카이도를 제안하더군요. 비행 시간이 세 시간 정도라 너무 멀지도 않고 또 자기들이 예전에 한 번 다녀온 곳이라서 제법 익숙하다는 것이었지요. 홋카이도는 설국으로만 알고 한 번도 가보지 못했는데, 이곳의 여름은 라벤더가 아름답다는 말에 솔깃했습니다.

　세부 장소를 정하는 것도 두 사람에게 맡겼습니다. 하지만 후배가 며칠 뒤 보내 온 5박 6일 일정을 보고 조금 아득해졌습니다. 매일 호텔을 옮겨야 하는, 의욕이 가득 찬 계획이었습니다. 고민을 하다가 말했습니다. "매일 숙소를 옮기는 건 힘들 것 같다. 조금 여유롭게 쉬면서 움직이면 좋겠다……." 젊은 시절 매일 캠핑 장소를 바꿔가며 텐트를 옮기던 과거의 저는 온데간데없어 조금은 슬펐습니다. 다행히 후배 부부는 저를 배려해 여행 일정을 조정해 주었습니다.

　가족과 여행을 가도 갈등이 생기기 쉬운데 후배들과 가는 게 괜찮을지 걱정되는 마음도 들었습니다. 그래서 혼자서 다짐했습니다. '즐거운 여행을 위해서 어떤 경우에도 불평하지 말자.'

　홋카이도 치토세 공항에 도착해서 예약한 렌터카를 픽업했습니다. 후배가 조심스레 좌측통행 운전을 해서 고속도로에 들어섰는데 저는 뒷자리에 앉아서도 조금은 긴장이 되더군요. 그런데 운전석 옆자리에 앉은 그의 아내는 차에 있는 화면과 자신의 핸드폰을 번갈아 보면서 일본의 내비게이션을 제대로 활용해서 남편의 좌측통행 운전을 돕는 것이었습니다. 그 기민함이 놀라웠습니다.

　홋카이도에서의 이튿째 날, 삿포로에서 차를 달려 바닷가 도시 오타루를 지나 요이치로 가는 고속도로에서 보이는 산자락과 터널 그리고 초원과 주변 초록빛 풍광은 참 평화롭고 아름다웠습니다. 멀리 파란 바다색과 대비되어 찬란한 햇살 아래 구릉지와 초원이 환상적으로 펼쳐졌습니다. 마치 고산지대를 통과하는 듯한 느낌이 계속 들어서 고도계를 확인해 보니 겨우 해발 100미터 남짓했습니다. 참 특이한 경험이었습니다.

3일째 되는 날에는 도미타 농장에 라벤더를 구경하러 갔습니다. 1930년대 유럽에서 들여와서 조성한 어마어마하게 넓게 펼쳐진 라벤더 밭이었습니다. 제가 가장 좋아하는 보랏빛, 그 꽃물결은 주변의 구릉지 그리고 멀리 아직 눈을 이고 있는 활화산을 배경으로 한껏 자태를 뽐내고 있었습니다.

호텔에서 가까운 활화산 도카치산을 오른 것도 특별한 경험이었습니다. 국립공원인 이 지역을 며칠씩 걷는 트레킹 코스도 있다지만 우리 일행은 등산로 입구에서 왕복 한 시간 정도만 산행을 했습니다. 오래 걷는 게 힘든 저를 배려한 것이지요. 분화구에서 수증기와 가스가 올라오는 활화산은 기슭만 걸었을 뿐인데도 참 좋았지요. 무엇보다도 주변의 풍광이 참 특별했습니다. 온통 2,000미터급 산들로 둘러싸인 광활한 구릉지가 참 인상적이었습니다. 주변이 모두 트여 있어서 그런지 해발 300미터 정도의 분지였지만 적어도 1,000미터 이상 되는 지역에 와 있다는 느낌이었지요.

조금 내려오니 흰수염폭포라는 곳이 있었습니다. 나이아가라의 축소판 같기도 한 이 폭포물이 떨어져서 흐르는 계곡은 온통 에메랄드빛이었습니다. 빙하가 침식되어 흘러내려서 그렇다고 합니다. 30여 년 전 캘리포니아에 살 때 세 아이를 차에 태우고 태평양을 따라 서북쪽으로 달려 워싱턴주에 있는 노스 캐스케이드 국립공원에서 캠핑했던 생각이 났습니다. 그때 캠핑장 주변 계곡물이 온통 에메랄드빛인 것을 처음 보았지요.

7월 초의 홋카이도 날씨는 참 매력적이었습니다. 마지막에 머문 호텔은 2,000미터급 활화산들로 둘러싸인 시코쓰 호수 주변에 있었는데, 아침에 16도 낮엔 26도 정도였고 습도가 낮아서 아주 쾌적했습니다. 밤하늘엔 북두칠성이 선명하고 온갖 별들이 쏟아져 내렸습니다. 마지막 날 아침 치토세 공항으로 이동하기 위해 차로 숲길을 지나가는데 사슴 두 마리가 저 숲 안쪽에서 우리를 지켜보고 있었습니다.

중간에 들리게 된 산동네들에서 특히 인상적인 것은 삿포로 같은 큰 도시가 아니었는데도 마트며 식당, 주민센터, 화장실 등 곳곳에 한국어 안내문이 있는 것이었습니다. 10년 사이 참 많이 달라졌음을 실감했습니다. 과거 제가 젊었을 때 미국이나 일본에 가면 괜히 주눅 들던 열등감에서 해방된 건 얼마나 좋은 일인지요.

즐거운 여행이었습니다. 하지만 함께 여행을 하다 보면 계획대로 일정대로 돌아가지 않을 때도 있고 크고 작은 불편함도 생기기 마련입니다. 그럴 때마다 저는 떠나오기 전 마음먹었던 대로 했습니다. '어떤 경우에도 불평하지 말자.' 사실 이건 함께 간 후배들에 대한 오랜 신뢰가 있었기 때문입니다. 어떤 경우에도 그들이 최선을 다한다는 것을 압니다. 그러니 계획대로 안 됐을 때도 이게 최선이니 받아들이기만 하면 된다고 생각한 것이지요.

그리고 후배 부부가 서로를 대하는 것을 보고 느낀 바가 많았습니다. 읍내에 나가 점심을 먹고 근처 공원을 걷다 차를 타고 이동하는데, 갑자기 후배가 자기 손가방이 없다고 했습니다. 급히 차를 돌려서 식당으로 다시 갔는데 이미 문은 닫혔습니다. 문을 두드려 아직 퇴근하지 않은 주인을 만나 간신히 손가방을 찾았습니다. 그날 늦은 오후, 후배는 또 손가방을 잃어버렸다고 했습니다. 아이스크림을 산 뒤 가게 밖에서 잠시 쉬었는데, 그때 가방을 놓고 온 모양이었습니다. 이미 한참 이동한 상황이었고, 해가 지려던 터라 좀 긴장이 됐습니다. 하지만 그의 남편은 "다시 가면 가방을 찾을 수 있을 거야"라며 바로 차를 돌렸습니다. 손가방은 다행히 가게 밖 벤치에 있었습니다.

하루에 두 번이나 손가방을 잃어버려 번거로운 걸음을 해야 했지만, 부부는 전혀 언쟁을 벌이지 않았습니다. 냉랭한 기운도 참는 기색도 전혀 없었습니다. 저 같으면 "너는 대체 왜 그래?"라고 한마디 했을 것 같은데 전혀 그런 기색조차도 없었습니다. 일어난 일에 집중해서 해결하고는 마치 아무 일도 없었다는 듯 일상의 대화로 돌아갔습니다. 활달한 후배는 어깨에 걸치는 가방이 익숙지 않아서 내려놓고 잊어버린 모양이라고 능칠 뿐이었습니다. 정말 활기차면서도 성숙한 부부였습니다.

그들을 보면서 인생이란 여행에서 '나는 어떻게 살고 있나' 하는 생각이 들었습니다. 상대방 입장에서 생각했던가. 내 기준, 내 호불호를 기준으로 그를 판단하진 않았나. 상대방의 기준이 무엇인지를 알기 위해 노력했나. 그가 자신의 기준 안에서 최선을 다하고 있다고 생각했던가.

7월 초의 홋카이도, 희끗희끗 눈자취를 이고 있는 활화산으로 둘러싸인 호수, 고원지대의 구릉지와 초원, 에메랄드빛 계곡과 폭포, 그 특별한 풍광 속에서 종종 아무 생각 없이 고요히 머무를 수 있었던 여행이었습니다. 그런데 자연이 아무리 아름다워도 사람과 함께해야 그 자연이 살아난다는 생각이 들었습니다. 모처럼 마음먹고 떠난 홋카이도 여행도 같이 가자고 해준 후배 부부의 따스하고 섬세한 배려가 없었다면 그리 즐겁지 않았을 수도 있었을 겁니다.

여행 둘째 날 삿포로에서 후배 부부의 친구인 홋카이도 대학 교수 부부와 다 함께 저녁 식사를 했습니다. 식사하며 여행 얘기를 나누다가 그 교수 부부가 다음에는 홋카이도 동쪽 끝 시레토코를 안내해 줄 테니 꼭 다시 오라고 했습니다. 자연이 그대로 살아 있는 유네스코 자연유산이라고 합니다. 기대가 되었습니다.

젊은 후배들과 함께하는 건 정말 즐거운 일입니다. 그들의 에너지와 열정, 지혜가 저를 일깨우고 제 삶을 풍성하게 해줍니다. 물론 전제는 내 욕구가 무엇인지 그리고 내 한계가 어디인지를 분명히 알아야 하는 것 같습니다. 그걸 그들에게 알려주고 함께하면 저는 지나간 세월의 삶 속에서 건져 올린 몇 가지를 그들에게 나누어줄 수도 있습니다.

## 16
## 딸의 꼬랑지가 되어
## 떠난 로마 여행

지난해 칠순을 맞은 저를 위해 큰딸이 이탈리아 로마 여행을 제안했습니다. 로마가 너무나 좋아서 여섯 번이나 가봤다며 가이드를 해주겠다는 것이었습니다. 로마를 한 번도 가본 적이 없어 궁금하긴 했지만, 문제는 제 컨디션이었습니다. 긴 비행 시간뿐 아니라 시차 적응도 걱정이 됐습니다. 과연 체력이 감당을 할 수 있을지 자신이 없어 1년을 망설였지요.

그런데 딸의 한마디에 망설임은 속절없이 무너졌습니다. "딸이 뉴욕에서 20년 살다가 파리로 이사했는데, 딸 사는 거 한번 보러 와야 하는 거 아니야?" 마흔이 넘어도 딸은 딸인가 봅니다. 결국 저는 딸의 귀여운 협박에 못 이긴 척 오케이 했습니다. 일정은 파리 5일, 로마 5일이었습니다.

그런데 막상 만 70번째 생일을 타국에서 큰딸과 둘이 보내기로 결정하니 설레지 뭡니까. 안 하던 걸 해본다는 기대감도 들었습니다. 이번 여행에서 제가 원한 것은 휴식과 수면 시간을 확보한 여유로운 일정과 끼니를 거르지 않고 딸과 편안하고 유쾌한 시간을 갖는 것이었습니다. 특히 파리에서는 딸이 어떤 삶을 살고 있는지를 보는 것이었지요. 그러면서 이번 여행에서 제가 지킬 원칙을 세웠습니다. 하나, 어떤 경우에도 짜증 내지 않고 불편해도 불평하지 않기, 둘, 예정대로, 원하는 대로 되지 않을 경우에는 그것이 지금 나에게 최선이기에 그렇게 된 것이라고 생각하기, 셋, 딸에게 예의를 지키고 친절하기였습니다.

예전에는 열 시간이면 충분했지만 이제는 러시아의 우크라이나 침공으로 시작된 전쟁 때문에 적도 가까이로 항로가 바뀌면서 열네 시간을 비행해야 했습니다. 드골 공항에 마중 나온 딸과 반가운 재회를 하고 딸의 아파트로 갔습니다. 방이 두 개이고 외부 베란다에 나가 앉으면 전망이 좋은 쾌적한 공간이었습니다.

다음 날 점심은 영화에서 본 듯한 클래식한 인테리어와 품격이 느껴지는 식당에 예약이 되어 있었습니다. 생일이 아직 며칠 남았지만 디저트로 나온 케이크에 깜짝 생일 촛불이 켜져서 나왔습니다. 둘째 날은 동네 근처에서 열리는 바스티유 마르셰에 갔습니다. 온갖 신선한 음식 재료와 일용용품을 파는 농민들과 상인들 그리고 동네 주민들로 왁자지껄 밝고 활기찬 그곳에서 맛난 것들을 사 먹고 또 과일과 채소 등을 샀습니다. 파리로 이사 온 지 2년 가까이 되는 딸은 자신이 하는 프리랜서 비즈니스와 관련해 많은 지인들과 교류하며 활발히 지내는 모습이었습니다. 그뿐 아니라 그동안 주변의 좋은 식당들의 주인들과 친해져서 제가 같이 가는 곳마다 환영을 받아 기분이 참 좋았습니다. 생일 저녁은 업계에서 세계 11위로 평가받았다는 '셉팀프(Septime)'라는 레스토랑에 석 달 전부터 예약이 되어 있었습니다. 식당으로 들어가는 저에게 매니저가 문을 열고 "해피 버스데이!" 하며 반갑게 맞아주었습니다.

---

딸은 파리로 온 뒤 그 전부터 해오던 음악 분야에서 자신의 사업을 일구고 있습니다. 글로벌 기업에서 일하고 있다가 새로운 곳에서 자기 사업을 시작한다는 게 쉽지 않았을 텐데, 도전을 하는 딸의 삶을 보니 그 용기가 참 신선하고 또 대단하다고 느껴졌습니다. 40대 초반에 15년간의 미국 생활을 접고 한국으로 오기로 결정했던 과거의 제가 떠올랐습니다. 역시 우리는 닮았다는 생각에 뿌듯했습니다.

프랑스 일정 중 가장 기억에 남는 건 모네 정원입니다. 파리의 생라자르역에서 노르망디행 기차를 타고 한 시간 반 걸려서 베르농역에 내립니다. 트롤리 같은 자그마한 버스를 타고 지베르니라는 자그마한 동네에 도착했습니다. 사실 저는 파리에 있는 오르세미술관이나 오랑주리미술관보다는 모네가 살던 집과 정원, 그리고 그가 그린 수련과 연못이 더 보고 싶었습니다. 우연히 TV에서 〈모네의 수련, 물과 빛의 마법〉이란 다큐 영화를 본 것이 계기였지요.

클로드 모네는 30여 년에 걸쳐 그린 250점에 달하는 수련 연작을 통해 '빛은 곧 색채'라는 것을 보여주고자 했습니다. 빛의 작용을 받아 색이 변하는 자연에서 어떤 물체의 고유한 빛깔은 있을 수 없다는 것이지요. 그의 눈에는 매시간, 매분, 매초마다 빛의 변화가 느껴졌기 때문에 하루 종일 빛을 직접 보면서 작업해 백내장에 걸렸고 그는 결국은 실명하게 됩니다.

모네는 센강의 범람과 전쟁으로 정원과 수련이 망가져 붓을 꺾을 뻔했습니다. 하지만 백내장으로 사물의 경계가 흐릿해진 상태에서도 80대 나이에 마지막 수련 연작을 그려낸 것이지요. 모네 정원을 거닐면서 모네의 삶을 생각했습니다. 그가 젊은 무명 화가 시절, 극심한 가난을 함께했던 아내 카미유가 암 투병 끝에 죽고, 재혼한 아내 알리스도, 또 40대의 장남 장도 먼저 떠나보냈습니다. 인간적인 고통과 시력 상실의 상황에서도 그림 그리기를 멈추지 않았던 모네는 결국에는 빛 뒤에 있는 빛을 볼 수 있게 되었던 것 같습니다.

그가 수련을 그렸던 연못에 비친 하늘과 구름을 보면서 모네를 직접 만난 느낌이었습니다. '모네는 빛 뒤의 빛을 보고자 했는데 과연 나는 내 삶에서 무엇을 보고자 했던가. 무엇을 알고자 찾아 헤맸던가. 앞으로 다가올 나의 80대에 나는 과연 무엇을 보게 되고 또 무엇을 깨닫게 될까.' 생각이 많아졌습니다.

이미 늦가을, 비가 추적거리며 싸늘해진 파리를 떠나서 두 시간 반 비행기를 타고 아직 초가을 쾌적한 날씨인 로마로 갔습니다. 로마에서는 에어비앤비로 예약한 아파트에 묵으면서 하루에 한 곳씩 구경을 다녔습니다. 바티칸, 콜로세움, 판테온 등을 구경하고 당일로 피렌체를 다녀왔습니다. 가는 곳마다 관광객들로 인산인해를 이루었고 입장을 기다리는 줄이 엄청나게 길었습니다. 그런데 딸과 저는 거의 한 번도 긴 줄에 설 필요가 없었습니다. 사전에 인터넷으로 모두 예약을 해놓아서였지요. 덕분에 여행의 피로를 훨씬 줄일 수 있었습니다.

그런데 파리에서도 그랬지만 로마에서도 야외 흡연이 자유로운 것이 또한 인상적이었습니다. 흡연이 좋지 않은 습관이라고 하면서도 도덕적 단죄는 하지 않는 모습이 좋아 보였습니다. 흡연자는 비흡연자를 배려하고 비흡연자도 흡연자를 배려합니다. 개인 삶의 여러 영역에서 다양성을 인정하는 사회로 보였습니다.

유명한 유적들 모두 인상적이었지만 마음 깊이로부터 특별한 경험을 한 것은 아파트 부근 테베레강을 건너 산책하다가 우연히 들린 자그마한 성당에서였습니다. 저는 어려서 천주교에서 영세한 후 45살까지는 열심한 신자였고 아이들도 모두 신앙 안에서 키웠습니다. 그러나 점차로 교회가 독선적이고 억압적으로 느껴지면서 반감이 커지고 결국 지금은 '쉬는 교우'가 되어 있습니다. 그래서 그런지 그 전날 바티칸 투어를 잘 했지만 특별한 감동은 없었습니다. 그런데 테베레강 남쪽 동네의 한 작은 성당에 들어가서 잠시 앉아 있는데 갑자기 마음속에서 이런 소리가 올라오는 것이었습니다. "교회가 그렇긴 한데, 그래도 그 덕분에 내가 아직 너와 이렇게 같이 있지 않냐?"

세속과 영적인 세계는 이렇게 연결되어 있나 봅니다. 삶은 빛과 그림자의 공존인 것 같습니다. 그림자의 어두움 속에 있음으로써만 빛이 있음을 알게 됩니다. 빛 속에만 있으면 그게 빛인 줄을 모릅니다. 그래서 불교에서는 천상 세계에 사는 신적 존재들이 인간 세상을 부러워한다고 말하는지도 모르겠습니다. 기독교에서는 하느님의 신비를 말합니다. 오래전 스스로에게 해주고 싶은 말이 기도문처럼 떠오른 적이 있었는데, 그 구절이 다시 생각났습니다.

> Life is full of surprises as long as you open yourself to the divine mystery of God.
> 삶은 온갖 예상치 못한 기쁨으로 꽉 차 있다. 다만, 당신의 마음이 그분의 신성한 신비에 열려 있을 때만 그러하다.

로마는 참 재미있는 곳이었습니다. 도시 전체가 박물관이라 할 만큼 유적들이 넘치는데, 1000년이 넘은 돌바닥의 좁은 골목길에서 자동차와 보행자가 섞여서 흘러가고 있었습니다. 하지만 사고가 거의 나지 않습니다. 골목길은 삐뚤빼뚤 곡선입니다. 이태리어의 억양 자체에서도 곡선적인 아름다움이 느껴졌습니다. 과연 곡선은 자연을 닮아 있습니다. 그 안에서 어떤 흐름의 규칙이 작동하는 것이지요. 그런데 인간은 자연의 곡선을 인위적으로 직선으로 나누어서 이해하려고 애쓰면서 거기에 익숙해졌습니다. 저도 그러했습니다. 그러나 이제는 점차로 직선적 사고와 판단에서 곡선적 이해와 포용으로 옮겨 가고 싶습니다. 이 여행이 그러했습니다.

큰딸이 아주 어렸을 때부터 저는 그 아이를 "꼬랑지"라고 불렀습니다. 하도 아빠 뒤를 쫓아다녀서였지요. 그런데 이번 여행에서는 제가 딸의 꼬랑지가 되었습니다. 가는 대로 따라가고 하는 대로 따라 하기만 하면 되니 어찌나 편하고 좋던지요. 무엇보다도 제일 좋았던 건 딸이 저보다도 이 여행을 더 즐긴다는 것이었습니다. 아빠를 일일이 챙기느라고 스트레스를 받지 않을까 싶었지만 전혀 그런 느낌을 받지 못했습니다.

로마 여행 중 어느 날 하는 말이, 실은 아빠가 여행 오기 전 체력이 되실까, 시차 때문에 고생하지 않으실까, 음식은 괜찮으실까 걱정을 했다는 겁니다. 그런데 며칠 같이 지내보니 자기보다 더 잘 걷고, 더 잘 먹고, 시차는 있는지 없는지 티도 나지 않았다는 것이었지요. 그리고 다음에 또 함께 여행하자고 제안해 주었습니다. 딸과 아빠, 가족이면서 친구가 되니 이렇게 좋을 수가 없습니다.

이번 여행은 참 행복했습니다. 그간 해온 근력 운동 덕분인지 체력도 많이 나아졌고 긴 비행도 감당이 되었습니다. 앞으로의 삶에 대해 다시 생각했습니다. 여행은 시작과 끝이 분명한, 인생 여정의 압축장이 아닐까 싶습니다. 인생 그 자체도 시작과 끝이 분명한 것임에도 우리는 대개 그것을 선명하게 자각하지 못하면서 살아가지요. 그런데 떠남과 돌아옴의 시간이 분명히 정해져 있는 여행에서 나의 욕구를 분명히 알아야 시간 낭비를 줄이면서 충분히 즐길 수 있듯이 인생 여정도 마찬가지가 아닌가 싶습니다. 아마도 지금 수준의 몸과 마음의 컨디션은 10~20년 정도 가능하겠지요. 그렇게 긴 시간이 아닌데 어떻게 살아야 할까. 떠오른 답은 일상에서의 따스한 나눔입니다. 그런 나눔을 함으로써 저의 삶이 풍성해지리라 믿습니다.

17

# 사랑하는 사람들과
# 이별식을 열 수 있다면

　　　　가까이 지내던 한 사람이 얼마 전 세상을 떠났습니다. 2년간 암 투병을 하다가 남편과 9살 된 딸을 남겨두고 숨을 거두었습니다. 불과 41살이었습니다. 오랫동안 여러 나라에서 남편과 함께 평화 운동가로 일했던 그는 바르고 단단하고 따뜻한 사람, 몸과 마음이 참으로 우아하고 아름다운 사람이었습니다. 그가 운명하기 전, 모든 연명 장치를 제거하고도 여전히 며칠째 자가 호흡을 하고 있는 그를 병실로 찾아가 잠시 만날 수 있었습니다. 눈을 감은 채 쌕쌕 숨 쉬고 있는 얼굴은 살이 빠지고 말랐지만 평소와 같이 맑고 윤기가 흘렀습니다. 청각은 마지막까지도 남아 있다는 믿음에서 소리 내어 인사를 건네고 또 기도를 올렸습니다. 누워 있는 그의 모습을 보면서 '아, 이 사람은 살면서도 주변에 자기를 전부 나누어주더니 이젠 호흡을 통해서 자기 자신의 몸 세포를 마지막까지 다 태우고 가볍게 가볍게 훨훨 하늘로 올라가려나 보다!'라는 생각이 들었습니다.

 이 사람의 마지막 투병 과정은 참 특별했습니다. 여러 병원에서 치료를 받는 동안 지인들이 교대로 병원을 방문하고, 음식을 준비하고 아이를 돌보고 일 처리들을 도왔습니다. 마지막 단계에서는 소위 '간병 부축단'을 결성했습니다. 이들은 면회조차 안 되는 열흘간 병원 로비 한쪽에서 매일 대기하면서 환자와 보호자에게 필요한 것들을 챙기고 몸과 마음을 함께 모았습니다. 그건 2년여 동안 투병하는 아내를 초인적인 힘으로 지극정성으로 간병해 온 그의 남편 덕분에 할 수 있었던 일이기도 했습니다. 남편은 마지막 간병을 하면서 종종 SNS에 아내의 상태를 알렸고, 힘들어하는 자신의 마음을 진솔하게 그대로 써서 사진과 함께 올렸습니다. 간절하고 애타게 치유를 희망하는 마음으로 기도를 청했습니다. 그 메시지를 접한 지인들이 일제히 밤 9시에 기도 알람을 해놓고 그 시간에 다 같이 기도했습니다.

 그 과정을 함께하면서, 저는 표현하고 나누는 것이 얼마나 중요한 것인가를 다시금 깨닫게 되었습니다. 표현해야 나눌 수 있습니다. 이어진 마음들에 내 마음을 포개어 공감함으로써 사람들 간에는 새로운 기운이 생성됩니다. 이렇게 해서 흐르기 시작한 에너지는 참으로 대단한 치유력을 발휘하는 것을 절감했습니다. 저도 치유되는 경험이었지요. 영화 〈아바타〉에서 나비족 사람들이 죽어가는 사람을 살리기 위해 영혼의 나무 아래에서 서로가 서로의 어깨에 손을 얹고 진행하는 영적 의식이 떠올랐습니다.

장례 과정도 참 특별했습니다. 서울에서 가장 큰 병원의 가장 큰 장례식장에 3일 동안 조문객의 줄이 끊이지 않았습니다. 고인과 그의 남편이 어떤 삶을 살아왔는지가 드러나는 현장이었습니다. 형식은 가족장이었지만 내용은 사회장이었습니다. 유족과 함께 애타고 절절한 슬픔을 나누는 조문객은 사실상 그들 자신이 유족이었습니다. 저는 3일장이 아니라 최소 30일장을 다 함께 치른 느낌이었습니다. 한 사람의 마지막을 이렇게 작별하고 떠나 보낼 수 있다니요. 참으로 특별한 경험이었습니다.

그러면서 저의 마지막 길도 생각해 보았습니다. 가능하다면 사전 이별식을 하고 싶습니다. 사랑하는 이들을 초대해서 맛난 음식을 나누고 웃고 떠들면서 따뜻하게 마지막 인사를 나누고, 남은 이들의 행복을 빌어주면서 그렇게 떠나고 싶다는 생각이 들었습니다. 그리고 그렇게 갈 수 있기 위해서는 언제 올지 모르는 그 시간까지 잘 살아야겠다는 마음도 올라왔습니다.

장례 일정이 다 끝나고 이틀 뒤 저는 제주에 내려갔습니다. 전부터 꼭 한번 가보고 싶었던 곳에 들렀습니다. 제주도의 동쪽, 제주올레 3코스 김영갑갤러리 부근에 있는 '삼달다방'이란 곳입니다. 장애인 여행자와 그 가족 그리고 활동가들이 편히 쉬어갈 수 있는 숙소가 있고 책으로 가득 찬 카페, 그리고 무를 재배하는 밭도 있는 곳이지요. 다방이란 이름을 쓴 건 사람들이 차 한잔하고 얘기

나눌 수 있는 공간이란 뜻이고 실제로 다과를 팔지는 않습니다. 그렇지만 모든 방문객들에게는 후원자들이 보내오는 맛난 원두를 갈아 내린 커피를 공짜로 주지요. 주인 부부 중 남편은 '무심'이란 이름을 쓰고 아내는 '오케이'란 이름을 씁니다. 이곳에 오는 모든 이들이 사회적 지위나 나이 등 위아래 없이 편하게 지내기 위해서 그렇게 별명을 지어서 부른답니다. 저도 다른 모임에서 같은 취지로 '테라'라는 별명을 쓰고 있어서, 금방 편해졌습니다.

서울에서 오랫동안 건설 회사 홍보 마케팅 업무를 하던 무심과 장애인 권리 운동을 해오던 오케이가 11년 전 퇴직금을 털고 서울 집을 팔아서 이곳에 땅을 사고 건물을 지어 새로운 삶을 시작한 것입니다. 뚜렷한 수익 사업도 없이 마음 부자로 사는 삶입니다. 그들과 마주 앉아 대화를 나눈 게 처음인데, 네 시간이 넘게 얘기를 나누었습니다. 서로가 같이 아는 지인들이 많은 덕분이었지요. 무심은 서울에서 장례를 치른 그 평화 운동가 부부와도 각별한 사이였습니다. 자연스레 우린 그 부부와의 인연을 나누고 함께 애도했습니다. 이야기 끝에 그는 말했습니다.

"이렇게 살면서 참 행복합니다. 그리고 이걸 바탕으로 선한 영향력을 사람들과 나누고 싶습니다."

그 말을 들으면서 저는 남은 제 삶의 의미가 무엇인지 다시 생각하게 되었습니다. 선한 영향력을 가진 사람들과 함께하면서 거기서 생겨나는 생명 에너지를 이 세상에 나누는 것! 그 운동가 부부도, 삼달다방 주인 내외도 세상에 선한 영향력을 미치는 사람들입니다. 우리는 자리를 옮겨 바닷가에 있는 동네 식당에서 우럭 매운탕에 소주 한잔을 걸치고 또 바다목장 옆 카페에서 차를 함께 마시면서 감사한 마음으로 숲과 바다를 즐겼습니다.

무심과 헤어져서 집에 돌아오는 길에 세상을 떠난 그가 다시 생각났습니다. 저는 41살에서야 겨우 뭔가 세상살이를 제대로 하기 시작했던 것 같았습니다. 그때 이후 회사 생활을 오래 한 저는 시장 시스템 안에서 기업은 사회의 공동선을 위해서 기여할 수 있고 또 그리 해야 한다는 신념을 가지고 일했고, 나름대로 남들에게 도움이 되는 삶을 살려고 노력해 왔습니다. 그렇지만 그가 살아온 삶에 비하면 참 느슨하고 미미했다는 느낌입니다. 그는 20대부터 운동가로 활동하며 20년간 선한 영향력을 엄청나게 높은 강도와 밀도로 세상에 뿌렸습니다. 자신이 할 수 있는 일을 이미 충분히 다했기에 이렇게 빨리 편히 쉬러 간 것일지도 모르겠다는 생각이 들었습니다.

남쪽 지방 어느 산줄기 아래 기슭에 말기암으로 고통받는 어려운 처지의 사람들을 돌보는 스님 한 분이 계십니다. 그분이 얼마 전 연꽃 사진 한 장을 보내오셨습니다. 참으로 고운 꽃입니다. 그 연꽃을 피워 올린 건 그 연못의 황토빛 흙탕물입니다. 그 흙탕물에 좋은 유기물이 많기 때문이겠지요. 그런데 탁해서 보이지 않는 그 연못 바닥으로는 깨끗한 물 한 줄기가 흐르면서 산소를 공급해 준다고 합니다. 그 덕에 우아한 연꽃이 피어난다는 것이지요. 스님은 오갈 데 없는 말기암 환자들을 돌보며 그들이 마치 도둑 맞듯 생을 마감하는 것이 아니라 몸을 벗고 평화롭게 새로운 생명의 세계로 넘어갈 수 있도록 돕는 것이 자신의 소명이라고 얘기하십니다. 죽어가는 사람을 어떻게 대하는가가 이 사회에 사는 모든 사람이 자신의 죽음에 대해 갖게 되는 감정과 태도를 정한다고 하십니다.

생의 마지막에 존엄성을 가지고 편히 가도록 돕는 사회에서 사는 사람들은 덜 불안할 것입니다. '나도 저런 대접 받으면서 가게 될 거야'라고 안도할 수 있으니까요. 반면, 주검이 내팽개쳐지는 사회에서 사는 사람들은 모두가 내심 불안할 것입니다. 경계심을 늦출 수가 없고 결코 평화로울 수 없을 것입니다. 스님은 그래서 수명이 길어지는 지금 호스피스 의료가 더욱 필요한 것인데도 막상 현실적인 벽이 너무 높다고 한숨을 쉬십니다.

열악한 상황에서도 수십 년 이 일을 하고 계신 그 스님은 연못 바닥에 흐르는 깨끗한 물줄기이고 또 한 송이 연꽃이라는 생각이 들었습니다. 그리고 저도 그 연못 바닥에 흐르는 작은 물길 하나이고 싶다는 생각이 들었습니다. 선한 물줄기 하나. 생명의 근원은 물이고 물의 본질은 흐르는 것이지요.

4장

# 일흔하나, 성장하기 딱 좋은 나이

## 18
# 남의 인정을 바라는 마음은
# 유치한 게 아닙니다

아침에 일어나 원두를 갈아서 커피를 내리고 마당 안으로 던져진 종이신문을 챙깁니다. 그리고 간단히 아침 식사를 합니다. 주로 시리얼이나 토스트에 과일주스, 요구르트이지요. 창문을 열어 환기를 하고 밀린 빨랫감을 모아 세탁기를 돌린 뒤 마당의 화초를 정리하고 물을 듬뿍 주고 나서는 생체 리듬에서 오는 소식에 답합니다.

그러다 보면 종종 아침에 온 전화를 놓치는 경우가 있습니다. 뒤늦게 부재중 메시지를 보고 지방에 사는 동생뻘 후배에게 전화했습니다. "아침에 집안 살림 하는 게 왜 이리 바쁜지 네 전화를 못 받았다. 미안하다"고 했더니 "아녜요. 오라버니, 정말 잘 살고 계신 거예요!"라고 합니다. 잘 살고 있다는 말이 처음엔 이해되지 않았습니다. 더 이상 사회적으로 성취하고 인정받고 돈 버는 일은 안 하고 있는데 말이지요. '두 발을 땅에 딛고 일상을 직접 꾸려나가는 것이 지금 이 나이에 잘 살고 있는 것'이라는 후배의 칭찬에 기분이 좋아졌습니다. 여전히 성장하고 있는 것 같기 때문이었지요.

나이가 들수록 성장이라는 단어에 가슴이 뜁니다. 그러면서 나는 왜 성장이라는 말에 관심을 갖는가 하는 질문이 올라왔습니다. 내가 혹시 성장 강박을 가지고 있는 건 아닌가 하는 생각과 함께, 이 나이가 돼서도 성장을 해야 하는 것인가 반감 섞인 의문도 들었습니다. 등 떠밀려지는 성장 요구에 지친 것이지요. 그뿐 아니라 경제 개발이 곧 성장으로 여겨진 시대를 살아오면서 지켜본 많은 희생의 영향도 있었던 것 같습니다.

돌이켜보면 지난 1960~70년대는 나라 전체가 오로지 경제 성장에 매달렸습니다. '잘 살아보세, 잘 살아보세!'라는 구호를 따라 외치며 가난을 벗어나고자 하는 열망에 가려 권위주의 정치 체제 아래에서 인권이나 노동권은 뒷전으로 밀렸고 빈부 격차는 커졌습니다. 외형 확대에 치중한 관 주도 성장 정책은 정경 유착과 분식 회계를 초래했고 결국 외환 위기까지 겪었습니다. 또 점차로 사회가 민주화되면서 시장에서 정부의 역할을 재정립해야 한다는 주장이 공개적으로 제기되기 시작했습니다. 그러한 경제 성장 과정에서 산업 재해, 노동 조합 탄압 등에 의해 희생된 사람들뿐 아니라 그 시절을 겪었던 많은 직장인, 노동자들이 경제 성장이란 프로파간다에 대해 염증을 내게 되었던 것 같습니다.

그래서 성장이라는 말보다 성숙이란 말이 더 좋지 않을까 하는 생각이 든 적도 있습니다. 그런데 저는 여전히 성숙보다는 성장이라는 표현이 더 좋습니다. 생명체가 계속 생명을 유지하고 발전한다, 살아 있고 활동한다는 느낌을 주기 때문인 것 같습니다. 내적 성장이 곧 성숙 아니냐는 생각이 들기도 했지만, 저는 속으로 곰삭는 성숙보다는 여전히 깊어지고 넓어지는 역동성 그리고 확장성을 가진 성장에 더 관심이 가는 것 같습니다. 그 확장성은 지금의 나보다 안으로 더 넓어지고 밖으로 더 커지는 것이지요. 경계를 넘어서는 것이지요.

나 자신은 살아 있는 생명체입니다. 그리고 생명체의 성장은 세포 분열을 통해서 이루어집니다. 분열된 세포는 세포막이라는 경계를 통해 안과 밖이 연결되면서 함께 또 개별적으로 자라게 됩니다. 그런데 노년기에 접어들면서 생기는 신체의 노화는 '헤이플릭 한계(Hayflick limit)' 즉, 세포가 분열할 수 있는 횟수가 제한되는 것에서 비롯된다고 합니다. 그 원인 중의 하나가 텔로미어(Telomere)가 닳는 데 있다는군요. 텔로미어는 세포의 DNA를 보호하며 세포 분열이 이루어지도록 돕는 역할을 하는데, 세포가 분열될 때마다 텔로미어는 조금씩 짧아져 세포 분열이 둔화되면서 노화가 오는 것이라고 합니다.

이러한 신체적 노화는 생명체가 가진 본원적 특성인데 텔로미어의 길이를 유지하거나 심지어 늘리는 데 가장 효과적인 운동은 유산소 운동이라고 합니다. 그래서 저는 일주일에 두 차례 50분의 근력 운동을 마치고 유산소 운동 30분을 하고 있습니다.

인간 존재는 몸뿐만이 아니라 마음도 가지고 있는데 서로가 연결되어 있어서 서로에게 영향을 미칩니다. 따라서 노화 속에서도 몸 상태가 좋으면 마음 상태를 좋게 만드는, 즉 내적 성장의 기회를 가질 수 있는 것 같습니다. 물론, 마음 상태가 좋아지면 몸 상태에도 좋은 영향을 미치지요. 어떻게 보면 노년의 성장이란 나의 생각 혹은 마음의 텔로미어를 강화시키는 것이 아닌가 하는 생각이 들었습니다. 텔로미어가 닳아서 세포 분열이 중단되고 몸이 노화하지만, 어쩌면 정신의 텔로미어는 발효 과정을 거치면서 재생되고 영혼의 세포 분열은 계속되는 것 아닐까, 이것이 노년의 성장 아닐까 하는 생각이 듭니다.

최근 천주교 영성심리학자인 홍성남 신부를 만났습니다. 홍 신부는 인간은 어려서부터 젊어서나 늙어서나 인정 욕구를 갖고 있고 그것이 자연스러운 것이라고 합니다. 남들이 나를 필요로 하는 데서 자기 존재감을 느끼고 삶의 활력을 얻는다는 것이지요. 그래서 은퇴 후 노년에 잘 사는 방법은 자기가 정말로 좋아하는 일을 찾고 열심히 해서 아주 잘하는 수준까지 만들어, 남들이 나를 찾도록 하는 것이라고 합니다.

젊고 현직에 있을 때는 지위와 권력, 직위·직책에 의지해서 인정 욕구가 해소됩니다.

그런데 은퇴와 노화의 시기로 접어들면 무엇에 기대어 남들의 인정을 얻을 것인지 생각해 보면, 나라는 존재 그 자체 말고는 의지할 데가 없는 것 같습니다. 아무도 나를 키워주지 않습니다. 내가 나를 키우는 수밖에 없습니다. 외적인 지위나 권력이 아니라 나의 내면의 힘을 찾아서 성장해야 하는 것이지요.

고등학교 동창인 한 친구는 평생을 직업 외교관으로 살았고 몇 나라에서 대사까지 지내고 은퇴했습니다. 은퇴 후 학창 시절부터 관심이 있었던 중국어 공부를 본격적으로 하기 시작해서 이제는 아주 높은 수준까지 올라갔습니다. 코로나로 몇 년간 중국어 학원을 못 나가다가 작년부터 다시 나가기 시작했는데 고급반에는 학생이 대여섯 명뿐이었다고 합니다. 처음엔 웬 노인이 와서 수업을 방해하는 건 아닌가 하는 분위기였다고 합니다. 그러나 수업이 진행되면서 친구가 한시도 짓고 탁월한 실력을 발휘하니 강사는 물론 40~50대 동료 학생들도 모두 인정하고 존경하는 태도로 바뀌었다고 합니다. 그래서 아주 기분이 좋다는 것이었지요.

그러면서 남이 날 인정해 준다고 이렇게 좋아하는 게 나이 들어서 좀 주책 아닌가, 유치한 게 아닌가 하는 마음도 들었다고 하길래 제가 홍 신부의 얘기를 해주었습니다. 제 얘기를 듣더니 친구는 얼굴이 환해졌습니다. 늙어서도 남이 알아주니 기분 좋아지는 자신의 마음이 잘못된 게 아니라고, 당연하고 건강한 것이라고, 오래된 친구가 알아주고 받아주고 인정해 주었다는 데서 오는 안도감이 그를 행복하게 해준 것 같았습니다. 생각해 보면, 배우자, 부모, 자식, 친구 등 가까운 사람으로부터 인정과 칭찬을 받는 것이 가장 귀한 것이고 기쁜 선물인 것 같습니다.

  늙어서도 남의 인정을 바라는 마음은 유치한 게 아닙니다. 억지로 그걸 내려놓고 포기하려 할 것이 아니라 인정 욕구를 충족시킬 새로운 경로를 찾아야 한다는 생각이 들었습니다. 가보지 않은 길, 없는 길을 찾아가는 것이 노년의 성장 공식인 듯합니다.

## 19
## 노년의 성장은
## 직선이 아닌 곡선

데드리프트로 들어 올리는 무게가 드디어 당일 누적 4톤이 되었을 때입니다. 다음 날 아침, 식탁 의자에 앉았다가 일어나려는데 왼쪽 무릎이 시큰했습니다. 만져보니 좀 부었더군요. 아차 싶었지만 과거에 발목 관절염을 겪었을 때도 무릎엔 별문제가 없었기에 근육통이려니, 며칠 지나면 나으려니 하고 냉찜질만 했지요.

그런데 무슨 일인지 일주일이 지나도 상태가 나아지지 않았습니다. 정형외과에서 찍은 자기 공명 영상(MRI) 결과가 좋지 않았습니다. 담당 의사는 대퇴골과 슬개골을 잇는 대퇴골 쪽 연골이 대부분 손상됐고, 슬개골 위쪽으로는 염증 때문에 물이 차 있는 데다 뼛가루들도 보인다고 했습니다. 급성은 아니고 오랜 시간 동안 진행되었는데 최근에 강도 높은 근력 운동을 한 것이 무리가 됐을 거라는 소견이었습니다.

 절망감과 좌절감이 몰려왔습니다. 9년 전 등산 금지령을 받고 느꼈던 그 암담함을 다시 느꼈습니다. 이제는 바벨을 들어 올리며 지낼 수 있으리라고 생각했는데 무릎 관절염이라니요. 또다시 내리막길을 걷는다는 좌절감뿐만 아니라 실패했다는 패배 의식까지 느꼈습니다.

 의사는 이어서 말했습니다. "노년에 근 손실을 예방하기 위해서 근력 운동은 반드시 해야 합니다. 바벨 스쾃이나 데드리프트를 하더라도 무게를 낮추고 무릎을 90도 이상 구부리는 자세는 하지 마세요. 이제 무릎에 문제가 있다는 걸 알았으니 밸런스를 잘 찾으셔야 합니다. 코치와 잘 상의해서 훈련 프로그램을 조정해 보세요." 무조건 하지 말라는 건 아니니 그나마 좀 위안이 됐습니다. 당장 수술을 해야 할 정도는 아니고 약물 치료만 하겠다니 다행이었고요.

 집에 오면서 이런 생각을 했습니다. 근력 운동으로 몸과 마음의 에너지를 다시 찾으면서 여기에 집착하게 된 건 아닌가 하는 거지요. 노년에 낙상으로 다치지 않으려고 무게 훈련을 하고 점점 목표치를 높여 달성하면서, 나도 모르는 사이에 과거의 치열하고 치밀하고 집요하게 일했던 목표 지향적인 태도가 다시 나온 게 아닌가 싶었습니다. 어쩌면 무게 늘리기에 몰입하면서 직선적 성장을 추구한 것일 수도 있겠다는 생각도 들었지요. 성장은 곡선으로 이루어지는 것인데, 막상 뭐가 좀 된다 싶으니까 제가 또 실수를 한 거지요.

운동 코치와 상의했습니다. 코치는 제 왼쪽 하체가 오른쪽에 비해 상대적으로 약하고, 좌우 밸런스가 맞지 않아 왼쪽을 더 강하게 훈련해야 한다고 생각했다고 합니다. 또 자기가 제시하는 목표에 제가 잘 따라오니까 무게 목표에 너무 집중했던 것 같다고 인정했습니다. 그리고 기초 훈련부터 다시 하자고 했습니다. 예, 좌절하지 않고 다시 시작하기로 했습니다. 이제 발목과 무릎 관절염의 존재를 알았으니 받아들여야지요. 성장은 오르막과 내리막이 있는 곡선으로 이루어진다고 스스로에게 다시 주지시키면서 근력을 계속 키우겠다고 마음먹었습니다.

얼마 전 위와 대장 내시경을 했던 날 아침이 생각났습니다. 재작년 심혈관 스텐트 삽입 시술을 하게 되는 바람에 예정보다 한 해를 미루고 5년 만에 한 검사였는데, 검사 날짜가 다가오면서 스트레스를 받았습니다. 이전 검사 때 대장에 제법 큰 용종이 발견됐던 데다, 내시경 검사를 준비하는 게 번거롭고 힘들기 때문입니다. 최소 3일간 과일, 야채, 김치, 나물, 양념 등을 피해야 하고 검사 전날은 두 끼를 죽과 백김치 국물로만 먹은 뒤 저녁은 굶고 장 세척제 500밀리리터를 두 번, 물 500밀리리터를 한 번 마시고 잠들어야 하니까요. 평소에 익숙했던 일상이 갑자기 단 며칠이라도 흐트러지니 몸과 마음이 갈급해지고 지칩니다. 기운이 없고 정신은 멍멍합니다. 과거에도 같은 과정을 거쳤지만 이렇게까지 힘들지는 않았던 것 같습니다. 그동안 노화가 더욱 진행되었나 봅니다.

그런데 말이지요, 검사 당일 장 세척제를 마시려고 일어난 새벽 4시께였어요. 마당에 나가니 뻐꾸기 소리가 놀라울 정도로 청명하고 컸습니다. 낮에는 길어야 한 번에 15초 정도 울었는데, 주변에 소음이 없어서 그런지 새벽에는 30초 넘게 산동네의 공기를 가득 채웠습니다.

라디오를 켜니 〈정만섭의 명연주 명음반〉 새벽 재방송에서 드보르자크의 〈첼로 협주곡 B단조〉가 나옵니다. 수도 없이 들어왔는데 새삼 온몸에 전율이 일어납니다. 그 소리와 선율이 세포 하나하나를 깨우고 온몸에 스며들어 머릿속까지 완전히 채웁니다. 새벽의 적막함 속에서 그 소리가 제 영혼을 뒤흔들고 두드리고 깨우면서 제 존재의 겹겹한 각 층위를 모두 훑고 갑니다. 간혹 음악이 제 의지와는 아무 상관 없이 그냥 불쑥 찾아와서는 내가 나를 만나게 해주고는 다시 사라집니다. 잠시일지라도 저는 깨어 있습니다. 그날 새벽이 그러했습니다.

수면 내시경 이후 담당 의사는 제가 복용하고 있는 항혈전제 때문에 시술 과정에서 지혈을 돕기 위해 용종을 제거한 자리를 꿰맸으니 대변을 볼 때 출혈이 있는지 잘 살피라고 했습니다. 걱정되고 긴장되었습니다. 제 영적 스승들은 미래에 대한 두려움은 생각 속에서만 있다고 가르칩니다. 생각을 멈추고 지금 여기에서 현존할 수 있으면 그런 두려움이 사라지고 지금 살아 있는 나를 느낄 뿐이라고 합니다. 막상 닥치면 그리고 지나고 나면 그것이 해방이고 천국이라고 합니다.

그러나 어렵습니다. 점심과 저녁을 역시 죽과 백김치 국물만 먹으려니 힘들고 불편합니다. 다음 날 아침, 처음 보는 대변. 채변지를 이용해서 내 똥을 자세히 봅니다. 그런데 황금빛! 안도감에 온몸의 긴장이 풀어집니다.

잘게 썰어야 하지만 일반식을 다시 먹으니 살 것 같습니다. 정신이 납니다. 단 며칠이라도 평소처럼 먹지 못하고 일상이 뒤죽박죽 되면 몸과 마음이 순식간에 가라앉습니다. 온몸이 긴장되고 인내심은 바닥을 치고 짜증이 차오릅니다. 그러다가 밥을 제대로 먹으니 또 금방 제정신이 돌아옵니다. 마음도 여유로워집니다. 불과 며칠간 평소와 달랐던 음식물 섭취가 몸과 마음에 이렇듯 영향을 미치는 것이 새삼스럽게 느껴집니다. 제 자신이 참 부서지기 쉬운 존재라는 생각이 듭니다. 일상의 소중함을 새삼 느낍니다. 일상이 은총이고, 기적입니다.

20

# 기존의 경계에
# 자신을 가두지 말 것

"오래전부터 선배님을 경계인이라고 생각했어요."
 언젠가 한 후배가 제게 이렇게 말했습니다. 이유는 이랬습니다. "선배님은 대학 시절에 데모하다가 쫓겨다니고 졸업 뒤엔 구치소도 다녀오셨죠. 또 미국 유학 뒤 미국에서 교수 생활을 하셨고요. 귀국해서는 대기업 고위 임원으로 일하면서도 시민 단체들을 조용히 도우셨지요. 댁에서는 종교인 모임을 10년 넘게 하셨고요."
 후배는 제가 세상의 눈으로 보았을 때 언뜻 이질적인 세계들의 경계를 넘나들면서 살아왔다고 본 모양입니다.
 지난 삶을 돌아보니, 후배의 말처럼 경계인으로서의 삶이었던 것 같습니다. 부모님 모두 한국전쟁 때 남쪽으로 피난을 왔고, 제가 서울에서 대구로 전학 간 초등학교 시절엔 '서울내기 다마내기 맛좋은 고래고기'라는 소리를 들으면서 놀림을 당했습니다. 또 1980년대 미국에서 유학할 때 아시아인인 저는 비주류 중의 비주류였지요.

그래서일까요. 주류 속에 섞여 있으면서도 비주류의 마음으로 살았던 저는 한쪽을 택하라는 주변의 요구를 받기도 했습니다. 2003년 LG가 국내 최초로 재벌 체제를 졸업하고 지주 회사 체제로 넘어간 때의 일입니다. 몇 년에 걸친 지배 구조 전환 과정에서 여러 계열사 간에 수없이 많은 주식 교환이 일어났습니다. 당시 한 시민 단체가 이 과정에서 지배주주의 이익이 극대화되고 소액주주는 피해를 입을 수 있다는 문제 제기를 했습니다. 저는 회사가 하고자 하는 일이 옳은 것이라면 대화를 통해 상호 이해를 도모할 수 있을 것이라는 확신을 갖고 소통 채널을 자청했습니다. 그 실행 과정에서 오히려 내부에서의 협의가 더 어려운 경우들도 있었습니다. 한 번은 회사 임원 회의에서 어떤 사안에 관해 그 시민 단체에 강경 대응하자는 일부 주장에 대해서 제가 타협점을 찾자고 했더니 한 임원이 "당신은 도대체 회사 편입니까, 시민 단체 편입니까?"라며 불만과 비난을 퍼부었습니다. 한쪽을 택하라는 것이었지요. 저는 윈윈 전략의 취지를 다시 설명했고, 그 임원은 결국 제게 사과했습니다. 그 이후로 일은 순조롭게 진행됐습니다.

'경계인'으로서의 삶을 살았지만, 사실 제게 이 용어는 좀 생경합니다. 재독 사회학자인 송두율 교수는 20여 년 전 저서 『경계인의 사색』에서 자신을 "경계의 이쪽에도, 저쪽에도 속하지 못하고 경계선 위에 서서 상생의 길을 찾아 여전히 헤매고 있는 존재, 경계인"으로 규정했습니다. 한때는 경계인이라는 단어가 비자발적 이주민들이 겪는 어려움을 의미하기도 했습니다.

경계인에 대한 가장 인상적인 글은 11년 전, 크로스오버 아티스트 양방언 씨의 인터뷰 기사입니다. 양방언은 1960년 일본 도쿄에서 태어난 재일 교포 2세로 의사의 길을 가다가 20대 후반에 음악으로 길을 바꾸었지요. 그는 재즈, 록, 클래식, 국악, 월드 뮤직 등 다양한 음악 스펙트럼을 지니고 국제적으로 활발한 활동을 해왔고, 2018 평창 동계올림픽 개·폐회식 공동 음악 감독을 맡았습니다. 이진순 인터뷰어가 이렇게 말합니다. "아버지 시대의 경계인들은 폐쇄적이고 강고한 구심력의 희생양이었는지 모르지만, 이제 양방언 시대의 경계인들은 경계를 딛고 올라 경계를 허무는 개척자가 된다. 그의 표제곡처럼 양방언은 지금 '프런티어'로 진화하는 중이다(《한겨레》 2014년 12월 13일 자)."

그런데 어떻게 하면 경계를 딛고 올라 경계를 허무는 개척자가 될 수 있는 것일까요? 경계인이 경계 위에 있다는 것은 이쪽에도 저쪽에도 속해 있지 않고, 또 그렇다고 경계에 그냥 뿌리를 틀고 앉아 고정되어 있다는 것도 아닌 것 같습니다. 경계인은 자신의 중심을 가지고 양쪽을 오가며 둘을 다 보고 판단하면서, 실은 경계가 인위적으로 만들어진 것이고 실제는 아무 의미가 없다는 걸 경계의 양쪽에 알릴 수 있습니다. 그래서 결국은 경계가 허물어지고 경계의 양쪽은 새로운 하나가 될 수 있는 것이 아닐까 합니다.

남편이 독일인인 아주 가까운 친구가, 고1이 된 딸을 몹시 걱정하던 적이 있었습니다. 딸이 언젠가부터 샤워할 때 콧노래를 부르지 않더니, 머리카락이 많이 빠지고 집중이 안 된다며 짜증을 낸다고 했습니다. 또 공부가 안 된다고 우울해하더니, 1년 넘게 생리가 중단됐다는 것이었습니다. 거식증으로 인해 생긴 증상이었습니다. 친구는 해가 좋은 어느 날 딸과 카페에서 아이스크림을 먹으며 어렵사리 대화를 할 수 있었답니다.

"나는 독일인도 한국인도 아니고 도대체 뭐지? 다른 아이들이 입는 옷을 입고 싶어도 제대로 맞는 것이 없고. 사람들은 자꾸 '넌 독일인이냐 한국인이냐'고 물어봐. 나는 아무것도 아닌 것 같아."

엄마의 걱정스러운 질문에, 자기도 모르겠다며 버티던 아이는 분노와 절망감으로 범벅이 된 말을 쏟아냈습니다. 정체성의 위기를 겪고 있었던 것이지요.

친구는 딸에게 "엄마가 한국 사람이라 너한테 독일 사람 몸매를 물려줄 수 없어서 미안하구나. 하지만 옷을 몸에 맞추어 입어야지 남이 만들어놓은 옷에 너의 몸을 맞추려는 건 웃기지 않니? 우리 딸이 남의 노예가 되어서 자기를 잃는다면 참 억울할 것 같아"라고 말했답니다. 그냥 자기 자신이 되어가는 것이지, 독일인이냐 한국인이냐로 스스로를 가두지 않았으면 좋겠다는 것이지요.

얼마 지나지 않아 몸과 마음을 회복한 그 아이는 이제 20대 중반을 넘은 어엿한 젊은이가 됐습니다. 기존의 어떤 집단에 속해야 한다는 강박에서 벗어난 것 같습니다. 그래서인지 여러 다양한 문화의 사람들을 좋아하고, 잘 어울리고, 인권을 위해 일하고 싶어 관련 공부를 하고 있습니다. 경계를 딛고 올라 경계를 허무는 개척자가 된 것이지요.

어찌 보면 우리가 흔히 쓰는 정체성이란 말 자체도 위험할 수가 있습니다. 누가 규정한 정체성인가요? 남들이, 세상이 만들어놓은 경계에 자신을 묶어놓게 될 수 있기 때문이지요. 그 강박에서 자유로워져서 정체성의 근본을 자기 스스로 찾아야 하는 것입니다.

오래전 원불교의 마음공부에 관심이 생겨 관련 자료를 읽다가 "앗, 경계다!"라는 표현을 보았습니다. 마음이 요동칠 때, 이렇게 알아차리면서 다시 평온한 상태로 돌아가는 수행법이더군요. 여기서 '경계'는 안과 밖을 구분 짓는 경계(境界, 바운더리)를 말합니다. 저는 저의 내면과 바깥쪽 세상을 구분 짓는 '경계'에 관심을 가지게 되었습니다. 그 경계를 넘어 여러 가지 사건들이 나의 삶에 다가오기 때문이지요. 경우에 따라서는 맞닥치는 그 사건들로 인해서 나는 불쾌감, 불안, 공포, 분노 등 부정적인 감정을 느끼기도 하고 혹은 열정, 희열, 충족감 등의 감정을 갖게 되기도 합니다.

그런데 중요한 것은 그런 상황에서 내가 내 마음을 어떻게 직면하고 받아들이고 그 경험을 해석하고 판단하고 또 반응하고 행동할 것인가라고 합니다. 즉, 삶에서 경험하게 되는 모든 경계는 내가 나를 더 잘 알 수 있도록 해주는 공부 기회라는 것입니다.

불교에서는 '경계를 짓지 말라'는 경책을 합니다. 인위적으로 구분 짓고 이분법적으로 개념화하고 판단하지 말라는 것이지요. 하지만 실상 현실에서의 삶은 개념 없이는 안 되지요. 그러니 개념을 활용하되 개념에 사로잡히지 말라는 뜻일 겁니다. 사물과 현상을 구분 짓는 경계를 인위적으로 만들어서 개념화한 후 거기에 집착하면 결국 고정 관념이 되고 그렇게 되면 우리의 마음은 본원적 자유를 잃게 된다는 것입니다.

생명체도 '경계(境界)'로 분리하는 것을 '경계(警戒)'합니다. 세포가 성장하기 위해서는 다른 세포와 구분 짓는 경계선이 필요한데 이 세포벽은 외부로부터 영양분은 받아들이고 내부에 쌓인 노폐물은 배설시키는 순환과 성장의 통로 역할을 합니다. 세포 안과 세포 밖은 구분되어 있지만 분리되어 있지는 않은 것이지요. 마음도 그러합니다. 즉 다른 사람과 경계막이 철벽처럼 막혀 있지 않은 덕에 안팎의 숨 쉬기를 통해서 내 마음의 씨앗이 발아하고 열매 맺을 수 있게 되는 것입니다. 근원적으로는 경계를 넘어 안과 밖이 서로가 주고받는 것이니 굳이 안팎이 다른 둘이라고 하기도 어려운 듯합니다.

둘이 아닌데 둘인 것처럼 착각하게 되면서 온갖 갈등과 폭력이 나타나는 것이지요. 기독교와 이슬람 간의 갈등이 그러하고 정치적 갈등도 그러합니다. 보수도 진보도 그 자체로 지고지선(至高至善)은 아닙니다. 보수가 옳은 면도 있고 틀린 면도 있습니다. 진보도 마찬가지입니다. 한 개인의 경우 진보의 어떤 면은 지지할 수 있고 또 다른 면은 반대할 수 있습니다. 개념화하되 개념에 집착하지 않는 것이 경계를 짓지 않는 길인 듯합니다.

켄 윌버는 책 『무경계』(김철수 옮김, 정신세계사, 2012)에서 "성장이란 기본적으로 자신의 지평을 확대하고 확장하는 것을 의미한다. 즉, 밖을 향한 조망과 안을 향한 깊이라는 양편 모두에 있어서 경계의 성장을 의미한다"고 말합니다. 여기서 경계가 성장한다는 말은 아마도 국량이 넓어지고 커진다는 뜻이겠지요. 원불교에서는 '심량(心量)이 호대하면 모든 경계가 스스로 평안해지나니'라고 말합니다. 그렇다면 삶에서 겪게 되는 경계들은 실은 나의 국량을 키우기 위해 현실이 나에게 주는 커다란 선물인 것도 같습니다.

노년이 되면서 대부분의 사람들은 살아오면서 익숙해진 것에 안주하고자 하는 것 같습니다. 특히 유튜브나 SNS의 영상물을 통해서는 알고리즘의 영향으로 소위 확증 편향이 심해지기도 합니다. 기존의 가치관은 더욱 굳고 딱딱해집니다. 젊은이들과의 소통을 포기하기도 합니다. 기존의 경계 안에 자신을 가둡니다. 그런데 늙는 것과 낡는 것은 다릅니다. 늙지만 낡지 않으려면 성장할 수밖에 없습니다. 성장은 변화이고 경계를 넘는 노력으로 가능해지지요.

경계를 넘나드는 경계인은 긍정심리자본(Positive Psychological Capital)을 보유한 사람이라고 할 수 있습니다. 나는 늙었지만 젊은 사람들과 친구가 될 수 있습니다, 가르치려 들지 않기에. 나는 남자이지만 여자들과도 친해질 수 있습니다. 인간 본연의 모습에 집중하여 다름에 관심을 갖기에. 나는 기업에서 일하지만 인권 문제에 관심을 가지고 그 분야에서 일하는 사람들과 교류할 수 있습니다. 인권은 남의 일이 아니라 바로 나의 일이라고 생각하기에. 경계를 딛고 올라서 경계를 허물면, 남은 제 삶은 무채색의 잿빛이 아니라 무지갯빛 천연색으로 아름다울 수 있다고 믿습니다.

## 21
## 머그샷 속
## 청년과의 만남

"병남아, 우리 잡혀갔던 그 일 말이야. 보상금 신청이 가능하다는데 했니?"

고등학교 동창이 오랜만에 건 전화에 저는 웬 뚱딴지 같은 소리인가 했습니다. 친구가 말한 사건은 이젠 아득하기까지 한 1980년 봄의 일이었습니다. 당시 저는 친구들에게 5·18 광주 항쟁에 대한 유인물을 나눠줬다가 10일이 넘는 불법 구금 뒤에 구속돼 약 40일 동안 서대문교도소에 갇혀 있었습니다.

"무슨 근거로 그걸 신청하냐?"

친구는 국가기록원에 자료가 있다고 했습니다. 정보 공개를 청구하면 기록을 찾을 수 있다는 거지요. 오랫동안 제 기억 속에만 있던 그 일들이 기록으로 남아 있다니, 정말 놀라운 일이었습니다.

다른 일을 하느라 두 주일 넘게 그냥 있다가 영화 〈서울의 봄〉의 관객 수가 대단하다는 기사를 접하게 되었습니다. 기분이 새로웠습니다. 사람들이, 더구나 2030 젊은이들이 그 일에 대해서 관심이 있다는 말인가 했지요. 그러면서 1980년 봄에 겪었던 그 일들에 다시 새롭게 마음이 갔습니다. 보상금 신청은 나중 문제고 일단 저에 관한 국가 기록을 찾고 싶었습니다.

신청 요령을 잘 몰라서 국가기록원에 전화했더니 담당 주무관이 참 친절했습니다. 그러곤 어떻게 정보 공개와 보상 신청이 가능하다는 걸 알았느냐고 묻더군요. 당시 같이 고생했던 친구가 알려줬다고 했더니, "참 좋은 친구를 두셨네요!"라고 했습니다.

며칠 뒤 친구와 다시 통화를 하면서 그 얘기를 했습니다. "담당 주무관 말이 네가 좋은 친구라더라. 근데 그게 말이 되냐? 너 땜에 내가 잡혀간 건데 말이야"라고 웃으며 말했습니다. 친구는 당시 저에게서 광주 항쟁 관련 유인물을 받은 후 다른 일로 잡혀갔는데 고문 끝에 결국 출처를 실토한 것이었지요. 하지만 지금까지 단 한 순간도 그 친구를 원망한 적은 없었습니다. 그 엄혹했던 시절, 제가 친구의 입장이었어도 그렇게 할 수밖에 없었을 테니까요.

당시 불법 구금 후에 결국 구속 영장이 집행되어 우리는 서대문 교도소 언덕배기 길을 같이 걸어 올라가게 되었습니다. 제가 너무나 절망스러워하니까 그 친구는 제 손을 잡더니 "병남아, 이 길은 독립운동을 하던 우리 선조들이 걸어 올라갔던 길이야. 떳떳하게 자랑스럽게 가자!"라고 말해 주었습니다. 그 친구의 고교 시절 별명이 '간디'였습니다.

"야, 인마. 네가 그러면서 날 끌고 갔잖아!" 오랜만에 옛날 이야기를 하면서 이제 노인이 된 우리는 한참을 낄낄대며 웃었습니다. 그 친구는 모 대학의 역사학과 교수로 재직하다가 은퇴했습니다.

며칠 뒤 국가기록원으로부터 제 기록을 찾았다는 메일이 왔습니다. 긴장된 마음으로 관련 링크로 들어갔더니 재소자 신분 카드라고 적힌 자료의 첫 장에 머그샷이 찍힌 제 얼굴이 있었습니다. 흑백 사진 속엔 수번과 이름이 적힌 종이를 들고 있는 암담한 얼굴의 젊은 청년이 있었습니다. 뒷장에는 군법회의 검찰부의 검찰관이 작성한 계엄 포고령 10호 위반이라는 범죄 사실이 적혀 있었습니다. 그리고 군법회의 검찰관이 구치소장 앞으로 보낸 석방 지휘서에는 불기소 처분이라는 내용이 적혀 있었습니다.

어렴풋이 기억하던 날짜들을 실제로 보면서 '맞아, 그때 그랬었지'라고 혼잣말을 했습니다. 실제로 그 일들이 있었다는 사실을 제 기억이 아닌 국가가 인정하는 객관적인 기록으로 다시 만나고 나니 얼마간은 비현실적이기도 했습니다. 45년 전 겪은 일에 관한 국가의 기록을 보는 것은 참으로 묘한 경험이었습니다.

재소자 신분 카드와 관련 자료를 보니, 그동안 기억의 서랍장 가장 아래 칸에 넣어뒀던 그날이 선명하게 떠올랐습니다. 아주 화창한 일요일 아침, 성당 미사에 참례하기 위해 막 나가려던 참이었지요. "미안하다. 나와줘야겠다"고 전화한 친구를 만나러 저는 성당 대신 서울역 광장으로 나갔습니다. 1980년 7월 6일이었습니다.

서울역으로 나가던 그날 저는 손바닥만 한 공동 번역 신약 성경을 들고 나갔습니다. 집 안을 이리저리 뒤져서 서가 한구석에서 이 성경책을 찾았습니다. 뒤편 여백에 불법 연행된 날로부터 나흘 만인 7월 10일부터 8월 1일 서대문구치소로 이감되기 전까지 띄엄띄엄 제가 볼펜으로 쓴 메모들이 있었습니다.

> 7월 10일 목. 5일째. 나는 절망과 어둠 속에서 암담함에 짓눌려 있다. (……) 감시병 하나가 그 특유의 말없이 묵묵한 표정으로 문을 열고 들어오더니 불쑥 잠자리 한 마리를 내밀곤 나가버린다. 아, 이 환희. 파닥거리는 생명체! 이 속에서 자유로운 생명체를 만나다니. (……) 날아다니는 것. (……) 오 주 천주여, 만물을 지으신 주여, 찬미 받으소서. 모든 피조물이 당신의 영광을 드러내나이다. (……) 잠자리의 아름다운 모습을 이리저리 보니 기뻐서 마음이 너무도 밝아진다. 혹시 죽을까 봐 조심조심 창밖으로 날려 보낸다.

> 7월 15일 화. "이병남이, 곧 나가니 얌전하게 있어." 수사관의 말. 10일 만이다.

> 7월 17일 목. 기대는 절망으로 순식간에 뒤바뀌다. 중부경찰서 유치장. 삶은 보리 한 그릇에 단무지 세 조각의 식사. 같은 방 식구들은 주로 폭력범들. 그러나 마음들이 따스했다. 진 씨라

는 친구가 집에 연락해 주기로 약속 (……)

돌이켜보니 이후 45년간 저는 이 일에 대해서 일기도 쓰지 않고 아무런 기록도 남기지 않았습니다. 왜 그랬을까요? 다시 마주치기 싫었던 걸까요? 귀국 후 시작한 사회생활에서 혹시나 모를 불이익을 받지 않으려고 그랬던 것 같기도 합니다.

그러면서 오래전에 했던 두 가지 생각이 떠올랐습니다. 먼저 '1980년 광주에 관해 내가 겪은 것은 상대적으로 별게 아니었다, 그때 죽은 사람들, 불구가 된 사람들, 정신 이상이 된 사람들 그리고 그들의 가족들에 비하면 나는 그냥 살짝 찰과상을 입은 정도였다, 그러니 그 얘기를 꺼내는 건 우스운 일이다.' 둘째, '군사 법원 재판장 앞에서 내가 잘못했다, 반성한다고 말한 후에 3년형을 면하고 석방된 것이 부끄럽다.' 저는 이런 죄책감과 부채감을 오랫동안 가지고 있었습니다.

45년 전의 젊은 모습을 기록에서 본 며칠 뒤, 저는 당시에 제가 겪은 일들을 있는 그대로 정면으로 마주하기로 했습니다. 부끄러운 것도 자랑스러운 것도 아닌, 그저 있었던 일 그대로 똑바로 보고 인정하는 것이지요. 내가 찾고 또 기록하는 나의 이야기들은 제 자식들과 손주들에게 남겨질 것이고 그러면 그들은 저와 제가 살았던 시절을 계속 만날 수 있겠지요.

과거 오랫동안 제가 해왔던 기록은 '자연인 이병남'이 아닌 '직업인 이병남'으로서의 기록이었던 것 같습니다. 교수 시절엔 데이터 분석에 기반한 학술 논문들만 썼습니다. 20여 년 회사 생활을 할 때 쓴 건 회사의 기록이었습니다. 회사 일과 관련한 각종 제안서, 보고서 등 저의 생각과 활동들이 이러한 자료들에 녹아들어 있었습니다. 일과 관련된 짧은 메모들은 있었지만 개인적인 생각이나 느낌들은 따로 기록하지 않았습니다. 의사 결정이 중요하고 행동이 중요하고 성과가 중요했을 뿐이었습니다.

그런데 은퇴한 뒤 신문 칼럼을 쓰기 시작하면서부터는 생각과 느낌을 기록하는 일이 중요해졌습니다. 칼럼의 글감을 위해서라도 저의 단상을 기록할 필요가 생긴 것이지요. 글이 만들어지는 과정에서 삶의 여러 차원들이 정리가 되면서 머리가 맑아지고 마음이 따스해지는 것을 경험했습니다.

생각해 보니 저는 몇 년 전에도 과거의 기록을 타고 '시간 여행'을 한 경험이 있었습니다. 중학교 동창이 오래되어 누렇게 변한 종이 속 시 한 편을 보내왔습니다. 중학교 3학년 가을에 열린 교내 백일장 시 부문에서 장원을 했던 제 글을 교지에서 찾았다고 합니다. 제목은 「낙엽(落葉)」. "바람은 싸늘한 내 소매를 훑고 저기 쓸쓸한 가지 사이로 숨는다"로 시작하는 서정적인 시였습니다. 1969년 가을이었으니 56년 전 경복궁 향원정 앞 노랗고 빨갛게 물든 단

풍을 보고 쓴 시였습니다. 기억 속에서 희미했던 일이 갑자기 다시 생생하게 살아나면서 머리 허연 노인이 서정적이고 관념적인 15살 청년을 다시 반갑게 만났습니다.

사진이나 동영상도 기록입니다. 그런데 저는 글로 쓰는 기록이 더욱 중요하고, 시간 들여서 그걸 읽는 것이 중요하다고 생각합니다. 글을 쓰면서 내 생각이나 느낌이 정리되고 분명해지는 것을 느끼니까요. 가까이 지내는 한 젊은 친구는 형제들과 함께 어머니의 자서전을 만들고 있다고 합니다. 그 글을 통해서 어머니는 자신의 삶을 돌아보고 정리하면서 의미를 찾고, 가족들은 어머니를 사후에도 더 잘 기억하게 될 거라고 합니다.

기록은 기억에 의미를 부여합니다. 그 일이 내 삶에 어떤 의미를 가진 것인지를 잘 생각하게 되면서 내 삶이 더 풍성해진다고 느낍니다. 또 기억은 기록을 통해서 뚜렷해지고, 그럼으로써 살아 있는 이야기가 되어서 오늘을 비추고 후대에 전해집니다. 1980년 서울의 봄은 미처 꽃을 피워내지 못하고 가지가 꺾이고 말았습니다. 그러나 시간이 가면 겨울 속 동토 아래에서 새 생명이 다시 준비되고 결국 봄은 오고야 맙니다. 그리고 그 봄은 여름의 성장으로, 가을의 수확으로 이어질 겁니다. 2024년의 겨울을 지낸 올해, 2025년도 그러합니다!

## 22
## 글을 쓰지 않았다면
## 만나지 못했을 사람들

　　　　　회사를 그만두고 난 뒤 운전할 차가 필요해졌습니다. 이리저리 생각하다가 작은 세단을 리스 했지요. 계약 기간 3년이 지나고 나서는 세단보다 실용적인 소형 SUV로 바꾸었습니다. 그 차가 이제 또 3년이 넘었습니다. 운전을 많이 하지 않다 보니까 아직도 새 차 같습니다. 그런데 이번엔 차를 또 바꾼다는 게 귀찮게 느껴졌습니다. 그동안 자동차의 제조 기술도 더 좋아졌을 것이고 새 차에 대한 로망도 없지는 않지만 귀찮다는 마음이 더 컸습니다. 결국은 리스 연장을 거쳐 매입으로 넘어갔습니다. 해가 갈수록, 늙어갈수록 새로운 일을 하는 걸 피하게 됩니다. 그냥 익숙한 일만 하고 싶어집니다. 알던 사람들만 만나고 싶어집니다. 호기심이 줄어듭니다.

이런 저에게 주변에서는 억지로라도 활동을 해야 한다, 어렸을 때 했던 성악을 다시 시작하거나 악기를 배우는 것처럼 새로운 취미 생활을 시작해 보라고 권하기도 했습니다. 그런데 억지로 뭘 하고 싶지가 않아 한동안은 그냥 가만히 있었습니다. 저절로 기운이 다시 올라오고 호기심과 의욕이 생길 때까지.

그러던 어느 날 한겨레 신문사의 기자로부터 칼럼을 써보면 어떻겠느냐는 제안을 받았습니다. 학술 논문과 사업 제안서만 쓰던 제가 할 수 없는 낯선 일이라 처음엔 거절했습니다. 그러나 일터에서 고민하는 후배들에게 도움 되는 이야기를 쓸 수 있을 것이다, 그것이 은퇴한 사람의 사회적 책임 아니겠느냐는 끈질긴 설득이 이어졌습니다. 결국 저는 새로운 일에 도전하기로 했습니다.

처음엔 회차마다 열 시간 이상씩 글과 씨름하며 몸살을 앓았지만 조금씩 나아졌습니다. 주로 회사 생활과 관련된 글들이 모아져서 책으로 나온 후에는 은퇴, 노화, 성장을 주제로 새로운 칼럼을 쓰기 시작했습니다. 이렇게 글을 쓰게 되면서 과거와는 달리 신문을 읽고 방송을 듣고 영상물을 보면서 또 지인들과 대화하면서 글의 소재를 찾고, 혼자 블로그를 만들어서 단상들을 수시로 메모하는 새로운 습관이 생겼습니다. 아직도 글을 쓰는 것이 어렵고 힘들지만 독자들과 연결되는 즐거운 경험이 하나둘 쌓여갔지요. 안 해보던 일을 새롭게 시도하니 내가 몰랐던 또다른 세계로 나를 데리고 갈 수 있었던 것입니다.

1년여 전 KBS 시사기획 창 〈어떤 가족―고립을 넘다〉에 출연

한 것도 이 칼럼이 출발점이었습니다. '오랫동안 한겨레 칼럼을 통해서 선생님을 알아왔기에, 저는 이미 오랜 지인처럼 느껴집니다.' KBS 기자가 보내온 출연 요청 문자입니다. 외로움 속에 살고 있는 청년·중년·노년을 인터뷰하고 내레이션까지 해달라는 제안이었지요. 처음에는 망설였습니다. 지상파 방송에 내 얼굴이 나오는 것도 부담스럽고 무엇보다 전혀 해보지 않은 것을 한다는 게 자신 없었습니다. 게다가 이 프로그램의 진정성을 위해선 저의 개인적인 상황들도 가감없이 드러내야 한다고 생각했기에 선뜻 마음이 내키지 않았습니다. 며칠을 고민하다가 이런 생각이 떠올랐습니다. '노년의 외로움을 감당하며 살고 있는 내가 다른 사람의 외로움 속으로 들어가볼 수 있다는 건 참 의미 있는 일 아닐까?'

'외로움에서 연결로', 그것은 어려서부터 경험하고 생각했던 제 삶의 오래된 화두이기도 하거든요. 그리고 이러한 제안을 받게 된 것은 제가 글을 썼기 때문이었다는 데에 생각에 미쳤습니다. 그 글들을 통해서 새로운 만남이 만들어진 것이지요. 결국 하기로 했습니다. '이 나이에 새로운 경험을 하는 건 행운'이라고 주문을 외우면서요. 그렇게 두 달 반에 걸친 대장정이 시작됐습니다.

첫 인터뷰 대상자는 서울 영등포 고시원에서 생활하는 50대 남성 K님이었습니다. 제작팀이 꼼꼼히 취재해 넘겨준 그분의 생애사를 여러 번 읽었습니다. 그러면서 한편 부담감이 몰려왔습니다. 나를 불편하게 느끼지 않을지, 어떻게 연결고리를 만들며 다가갈 수 있을지. 그분이 새벽 청소일을 하는 영등포문화원으로 가는 차 안에서 고민하던 중 문득, 영화 〈아바타〉에서 나비족 네이티리가 주인공 제이크 설리를 바라보며 했던 말이 떠올랐습니다. "아이 씨 유(I see you, 내가 널 보고 있어)!" 그러면서 이런 생각이 들더군요. '그분의 존재를 내가 보고 느끼고 있다는 기운만 보내면 되겠구나, 그럼 나머지는 저절로 풀릴 거야.' 굴곡진 삶을 살아온 그분을 막상 만나보니 자신을 분명하게 표현하는, 참으로 정중하고 품위를 가진 분이었습니다. 편안하게 맞아주셔서 감사한 마음이 일었습니다.

두 번째로 20대 여성 S님을 만나며 저는 지방자치단체가 1인 가구 지원 센터를 운영한다는 것을 알게 되었습니다. 외형적 경제 발전 속에서 세대를 불문하고 늘어나는 1인 가구를 지방정부가 나 몰라라 하지 않고 지원한다는 게 다행스럽게 여겨졌습니다. 그러나 또 한편, 서울시의 공공돌봄과 사회서비스를 담당하는 사회서비스원에 대한 예산이 삭감되었다는 소식이 생각났습니다. 양극화가 심해져 배제와 고립을 겪는 사람들이 늘어나고 좌절과 불안이 커지게 되면 결과적으로는 기득권, 부유층에게도 악영향을 미칠 텐데 대체 어쩌려는 건가 하는 걱정이 커졌습니다.

혹독한 어린 시절을 보내고 가출한 뒤 그룹홈에 살면서 고등학교를 마치고 대학교를 졸업한 20대 여성 청년 P님. 그를 만나러 가면서 저는 여러 해 전부터 인연을 맺어온 한 부부를 떠올렸습니다. 그분들은 20여 년 전부터 그룹홈을 운영하고 자립 준비 청년의 주거를 돕는 사단법인을 만들었습니다. 그 인연이 P님을 이해하는 데 조금은 도움이 되었습니다. 학원에서 영어를 가르치는 그는 케이크를 교재도구로 활용해 수업을 재미있게 하려고 제빵 학원까지 다닐 정도로 적극적이며, 솔직하고 긍정적인 청년이었습니다. 여러 좋은 사람들로부터 긍정적인 영향을 받은 덕분에 여기까지 왔다고 말하는 그는 참으로 성숙한 젊은이였습니다.

광주시 청춘발산마을에서 만난 70대 남성 S님은 촬영 전에 이렇게 말했다고 합니다. "나와 연배가 비슷한 동생분을 만나게 되겠구만. 나는 공부를 못 한 한이 많은데 미국 유학 다녀오셨다니 얘기 나눠보면 참 좋겠다." 경로당 회장인 그를 만나면 "회장 형님!"이라고 인사해야겠다고 마음먹었습니다. S 형님과는 카메라가 없는 곳에서도 얘기를 많이 나누었습니다. 형님은 힘들었던 어린 시절을 지나 검정고시로 고등학교를 마치고 50살에 재수 끝에 대학을 들어간, 당당하고 마음이 젊은 분이셨습니다.

청춘발산마을은 정말 특별했습니다. 과거 달동네 우범지대로 여겨졌던 이곳에 청년 사업가들이 만든 협동조합이 자리 잡아 큰 역할을 하면서 여러 변화를 일으키고 있었습니다. 원주민 노인들과 매일 점심을 경로당에서 함께 나누며 일상을 공유했습니다. 그야말로 청년과 노년이 어우러져 같이 일하고, 같이 노는 사회적 가족이 그곳에 있었습니다. 이 마을에서 어떤 희망이 느껴졌습니다. 그런데 이 희망이 현실이 되기 위해서는 중앙정부, 지자체, 기업, 그리고 무엇보다도 청년과 노인 당사자들의 자발적 참여가 필수적이라는 사실을 알게 되었습니다.

　인터뷰한 분들 중에 가장 연장자인 80대 여성 H님은 오랫동안 혼자 살아왔지만 거주지인 강원도 원주시의 한 보건소에서 '사회적 처방'을 받고 경로당 회장으로 일하며 누구보다 열심히 사는 분이라고 제작진에게 전해 들었습니다. 촬영 전 "잘나고 배운 사람이 나를 만나 뭐 할 얘기가 있겠어?"라고 말씀하셨다기에 마음이 쓰였습니다. H님은 평안북도가 고향이었습니다. 저희 외가도 평안북도라는 공통점이 있었지요. 첫인사를 나누며 "평안도 억양이 반갑고 정겹습니다"라고 했더니 금세 표정이 밝아지셨습니다. 대화 중에는 몇 번이고 "나는 배운 것이 없어서"라고 말씀하시더니, 친척들과 교류하지 않고 사는 이유가 "왜 혼자 사느냐, 시집 안 가느냐" 같은 얘기를 듣기 싫어서였다고 스스로 얘기하시더군요. 그래서 저는 딸 얘기를 꺼냈습니다. "비혼인데 저는 지금까지 단 한 번도 딸에게 결혼 얘기를 꺼낸 적이 없어요. 잘했지요?" H님의 얼굴이 환해지면서 맞장구치셨습니다. "정말 잘했어요. 그런 소리 자꾸 하면 집에도 안 와요." 마음이 통하고 공감할 수 있어서 참 기뻤습니다.

　전문가 좌담회에서도 많은 것을 배울 수 있었습니다. "청소년 계층에서 과도한 경쟁 문화가 외로움의 중요한 원인 중 하나"라는 최영준 연세대 교수의 말이 가슴 깊이 와닿았습니다. 그는 "(청소년들이) 어릴 때부터 사교육을 많이 받고 부모와 학교로부터 어떤 기대를 받으면서 삶의 다양한 선택지들을 받지 못하는 것"이라며 "다양한 삶의 경로가 있다는 것을, 기존의 경로를 벗어나서도 행복에 도달할 수 있다는 것을 우리가 받아들였으면 한다"고 했습니다.

이 방송을 위해 두 달 반 이상을 여러 연령층의 사람들과 만나서 대화하면서, 나뿐만이 아니라 사람은 누구나 외롭다는 생각이 들었습니다. 지위나 돈, 명예의 유무와는 아무런 상관이 없는 것 같습니다. 이 외로움은 관계의 단절에서 오는 것 같습니다. 그 단절은 나의 의지와는 아무런 상관없이 그냥 닥치기도 하고 또는 나의 성향이나 의지에 의한 결과이기도 합니다. 또한 사회 전반의 구조와 가치관의 변화에 의해서 영향을 받기도 하지요.

분명한 것은 나는 살면서 반드시 다른 사람을 필요로 한다는 것입니다. 다른 사람과의 관계 없이는 살아갈 수가 없습니다. 노년에는 더욱 그러합니다. 간혹 외로움을 외면하고 그 자리를 돈이나 지위, 명예로 덮으려 하면 결국은 도둑 맞듯 죽음을 맞게 된다는 어떤 스님의 말이 떠오릅니다. 우선 가까운 사람들과의 관계부터 더욱 소중히 여기고 여기에 집중하고 에너지를 써야겠다는 생각이 듭니다. 그리고 살면서 다가오는 인연들에 좀더 마음을 열어야겠다고 다짐하게 되었습니다.

글쓰기를 통해 방송까지 하게 되면서, 쓰지 않았다면 만나지 못했을 사람들을 많이 만났습니다. 제 삶이 훨씬 풍요롭게 연결되었습니다. 특히 생전 처음 해본 내레이션에 대해 방송을 시청한 지인들이 좋은 피드백을 해줬습니다. 돌이켜보니 저는 초등학생 시절부터 책을 많이 읽었고 중고등학교 때 문예반에서 시를 썼습니다. 음악 선생님의 눈에 띄어 교내 음악회에서 독창도 했었네요. 합창단 활동은 40살까지 했었지요.

직업인이 되기 전 제가 갖고 있었던 재능이 은퇴 후에 재발견됐다는 느낌이 듭니다. 그래서 저에게 주어진 이 선물들을 이제는 남들에게 다 나누어주고 떠날 수 있으면 참 좋겠다는 생각을 합니다. 그 과정에서 늙지만 낡지 않을 수 있기를, 또 깨어 있으면서도 주장하시는 않을 수 있기를 바라면서요. 노화를 겪으면서도 성장한다는 것은 어쩌면 내가 나를 다시 만나 원래 내가 가졌던 관심, 호기심, 그리고 재주들을 되살려내고, 그것을 남들과 나누면서 가능해지는 게 아닌가 합니다.

그럴 수 있기 위해서는 결국은 내가 무엇을 좋아하고 나의 근본적인 욕구는 무엇인가를 알아야 합니다. 기억해 내야 합니다. 노년에 이르러서까지도 남이나 사회의 압박 때문에 뭔가를 한다는 것은 별로 재미가 없는 일입니다. 그런데 주변으로부터의 자극이 시동을 걸게 해줄 수는 있습니다. 새로운 만남, 낯선 문화, 혹시 모르니 일단 접해보는 거지요. 그래서 좋아지면, 내 근본 욕구와 맞닿아 있으면, 내 몸과 마음이 적극적으로 움직여줄 겁니다. 그렇게 될 때 나는 신이 나고 남들도 그런 나를 즐기게 됩니다.

23

## 영피프티,
## 필요한 건 내적 젊음

　근래 마케팅 분야에서 50대를 '영피프티(Young Fifty, 젊게 사는 50대)'라고 표현합니다. 1970년대에 태어난 엑스(X) 세대에 속하는 이들은 과거 50대 직장인들과 달리 퇴근 후 밴드 활동을 비롯한 취미 생활을 하거나 SNS를 열심히 하는 등 신입 사원과 비슷한 젊은 취향을 가지고 있다는 겁니다. 이런 마케팅은 무엇보다도 이들이 구매력이 가장 큰 소비자군이라는 데 착안한 것으로 보입니다.

　시장에서 개인이나 기업이 트렌드를 포착해서 사업 기회를 찾는 건 어찌 보면 당연한 일이지만, 이런 상업적 접근이 가져오는 사회적 영향에 대해서는 우려가 되기도 합니다. 무엇보다도 위에서 묘사한 라이프스타일을 가진 50대가 지금 한국 사회에 과연 얼마나 있을까 하는 거지요. 영피프티라는 트렌드 키워드가 말하는 특정 소비자군의 틀에 부합하려면 현실적으로 상당한 수준의 부와 사회적 지위, 또 자기 관리 능력이 있어야 하니까요. 현실적으론 그렇기도 어렵거니와 사람들에게 '영피프티가 되지 않으면 뒤처지는 것'이라는 불안과 강박을 만들어낼 수 있습니다. 일부 MZ세대는 영피프티란 용어를 두고 '경제, 사회적으로 누릴 건 다 누려놓고, 이젠 젊음까지 누리겠다는 거냐'는 반감도 있다고 합니다.

나이 들어 젊게 산다는 게 나쁜 것은 아닙니다. 다만 현재 '영피프티'의 '영(Young)'이 외적인 것에 지나치게 치중돼 있다는 것이 우려됩니다. 자기 관리를 잘한 젊은 할머니, 할아버지에 대한 선망, '워너비' 열풍은 자신의 나이 듦을 직면하지 못하게 하거나 너무 늦게 바라보게 할 수 있습니다. 시장이 만들어낸 이 트렌드 속에서 우리 사회가 젊음에 대해 가진 신화와 강박을 엿볼 수 있습니다. 젊음을 강요하는 것이지요.

더 이상 젊지 않다는 것을 느끼면서도 젊어야 한다는 유행에 지나치게 민감하다 보면 자신의 고유한 성향과 에너지 수준을 파악하지 못합니다. 막연히 유행만을 좇다 보면 자신을 파악하고 이해하는 걸 놓치게 됩니다. 물론 예를 들어 최신 기기나 클래식에 대한 관심이 있다면 이는 각자가 가진 취향과 관심의 영역으로서 유행을 좇는 것과 다르지요.

옛날에는 동네에 할머니와 할아버지가 어린이나 젊은 사람들과 자연스럽게 함께 있었습니다. 이제는 그들을 주변부로 내몰고 소수자처럼 취급하는 것 같습니다. 그런 세태에 휩쓸려버리면 나 자신의 나이 듦도 부정하고 늙음이라는 현실을 인정하지 않게 될 겁니다.

자신의 에너지 수준이 전보다 낮다는 것을 느끼면서도 그렇지 않은 듯 행동하면 결과적으로 신체적, 정신적 후유증이 나타납니다. 또 나의 노화에 대한 건강한 성찰을 방해하는 걸림돌이 됩니다. 스스로 '나이가 들어도 괜찮다'는 것을 인정해야 사회적 시선도 바뀔 수 있습니다. 꼭 50대가 아니어도 '젊음'에 대한 강박이 점점 커지는 사회로 가고 있는 것, 이것이야말로 우리 사회의 진짜 트렌드가 아닌가 하는 생각도 듭니다.

청년들은 직장에서 5060 상사가 단지 자신들과 비슷한 취향을 갖기를 원하는 걸까요? 자신들과 비슷한 복장에다 셀카도 잘 찍어서 SNS에 올리고 유행을 따라 하는 상사를 정말로 영하다, 쿨하다고 인정해 줄까요?

제가 일하던 회사의 초청으로 특강을 한 적이 있었는데, 뒤풀이 자리에서 대화를 나눈 젊은 후배들이나 또 언론사, 시민 단체에서 만난 2030은 그렇지 않았습니다. 소위 라떼, 꼰대 선배는 싫지만 그렇다고 자기들과 같은 젊은 취향을 가진 선배를 원하는 게 아니라 좋은 어른이 그립다고 합니다. 젊은이들을 이해하고 공감하면서도 동시에 눈치 보지 않고 잘못은 지적하면서, 필요한 것은 가르치고 또 책임 있는 의사 결정을 하는 선배들이 드물다고, 자기들은 그런 어른을 필요로 한다는 것이었지요.

십수 년 함께 공부 모임을 해오고 있는 한 스님은 근래에 20대 청년들을 만나서 대화를 나누었는데 그들이 가장 부러워하는 어른은 평화롭고 기쁘게 사는 사람들이라고 말하더랍니다. 그 얘기를 전해 들으면서 나도 구태여 젊게 보이려고 애쓰지 말고 내 모습 그대로 잘 사는 어른이 되어야겠다고 생각했습니다.

생명의 본질은 움직임입니다. 생명이 다했다는 것은 더 이상 움직임이 없다는 것이지요. 젊다는 것, '영'하다는 것은 성장과 변화를 향한 움직임이 활발하다는 뜻입니다. 즉, 젊다는 것은 유연하다는 것이지요. 노년에 이르러 몸이 전과 같이 유연하지 못하다 해도 일상을 영위하는 데 큰 지장이 없을 정도의 체력만 있다면 마음은 여전히, 아니 오히려 젊었을 때보다 더 유연해질 수 있는 것이 아닌가 하는 생각이 듭니다.

내가 알아왔던 것, 당연시 여겨왔던 것들에 대해서 꼭 그게 아닐 수도 있다고 생각할 수 있게 되는 것이지요. '내가 틀릴 수도 있다'고 생각하는 것입니다. 이렇게 자기 스스로가 더 넓게, 더 깊게 성장해 나가는 사람들이야말로 진정한 젊은 중년, 젊은 노년이 아닐까 싶습니다. 젊은이들을 더 잘 품고 또 그들로부터 적극적으로 더 많이 배울 수 있는 것, 그럼으로써 삶이 더 풍성해지는 것이야말로 노년에 주어진 축복이고 또 특권이 아닐까 싶습니다.

예전에는 여성의 생리가 끝나고 호르몬 변화에 따른 신체적 변화가 찾아오는 시기를 '폐경기'라고 했습니다. 그러나 근래에는 '완경기'라는 표현을 씁니다. 노년기 역시 단지 하강 곡선을 그리며 삶의 문을 닫는 시기가 아니라 인생의 완성기가 아닐까 생각합니다.

사람마다 에너지를 얻는 소스도 다르고 에너지를 쓰는 대상도 다릅니다. 내 에너지의 한계와 수준을 안다는 것은 나 자신이 어떤 사람인 줄 아는 것으로, 특히 노년에는 참 중요한 것 같습니다. 젊어서 사회생활 할 때는 자신의 한계를 알면서도 인정하고 싶지 않거나, 또 인정하면 곤란한 경우도 많지요. 또 회사나 사회가 나의 성취를 예우해 주면 거기에 취해서 진정한 자기 자신을 알려는 노력을 하지 않게 되기도 합니다. 그러나 젊을 때 자신을 인정하는 훈련이 되어 있지 않으면 나이가 들어 내가 어떤 사람인지 알기는 쉽지 않습니다.

그런데 아무리 의미 있고 가치 있는 일이라 하더라도 그 일과 거기에서의 성취가 나의 근원적인 에너지 공급원이 아닌 경우에는, 즉 나를 다시 충전시켜 주는 원천이 아닌 경우에는 조심해야 합니다. 나도 모르는 사이에 내 안의 우물 바닥에 물이 다시 고일 새도 없이 다 퍼서 써버리고 나면, 은퇴가 가까워지면서 완전히 소진된 자신을 발견하게 됩니다. 이런 경우 무력감에 이어 우울증에 빠질 수도 있습니다.

따라서 젊을 때부터 자신을 잘 돌아볼 줄 알아야 합니다. 그래야 노화를 부정하지 않을 수 있습니다. '노년에도 젊게 살아야 한다'가 아니라 '노년이 되어서도 행복하게 살아야 한다'고 하는 게 맞지 않을까요? 젊다는 것과 행복하다는 것이 반드시 같이 가는 것은 아니니까요.

## 24
# 살아가는 한
# 성장통은 피할 수 없다

노화를 겪기 시작하면서 저는 글쓰기, 근력 운동, 그리고 비영리 단체 돕기를 세 축으로 하여 생활 영역을 조정하게 되었습니다. 글쓰기는 앞서 쓴 대로 신문에 칼럼을 쓰면서 시작되었지요. 그런데 그건 주변의 후배들과 나눈 많은 대화들이 마중물이 되어 마음속 깊이로부터 샘물을 끌어 올릴 수 있었기에 가능한 일이었습니다. 4년 가까이 정기적으로 칼럼을 쓰면서 차차 저의 글쓰기는 결국 제 자신을 위한 것이었구나 깨닫게 되었습니다. 막연하게 하던 생각들이 글로 분명하게 정리되면서 지금까지 살면서 어깨 위에 쌓여온 짐은 가벼워지고, 마음속 찌꺼기들은 녹아내렸습니다. 이에 더해서 독자들과의 대화로 삶이 풍성해졌으니 참으로 감사한 일이지요.

두 번째 축은 강도 높은 근력 훈련입니다. 일주일에 두 번, 캘린더에 날짜와 시간을 입력해 놓고 회사에 출근하듯이 일상 생활의 1순위에 놓고 해오고 있지요.

세 번째 축은 제가 현직에 있을 때부터 인연이 계속되어 온 몇몇 비영리 조직들과 회사를 돕는 일입니다. 저는 대기업 임원으로 현직에서 일할 때부터 우리가 해외에서 성공적으로 사업을 영위하는 진정한 글로벌 기업이 되려면 당시 국내에서 활발하게 일어나기 시작한 시민 운동 단체들과도 대화할 수 있어야 한다고 믿었습니다. 진정한 선진 기업이 되려면 CSR 혹은 ESG 경영을 실천한다고 말로만 외칠 것이 아니라, 실제로 비영리 조직들이나 공익적 시민 단체들과의 진지한 대화를 통해 그늘이 제기하는 문제들을 풀어나갈 수 있어야 한다는 생각이었습니다. 실제로 회사 내에서 그런 역할을 자임해서 수행하기도 했습니다. 그런 인연으로 회사에서 은퇴 후 몇 군데 비영리 조직의 초대로 이사회 멤버가 되었지요.

이런 경우 보통의 대기업 사외 이사와는 상당히 다릅니다. 모두가 재정적으로 취약한 조직들이어서 처우나 예우도 거의 없다시피 합니다. 그렇지만 이런 단체들이 추구하는 공익적 가치에 공감하기에 후원을 하면서 힘닿는 데까지 돕는 것이지요.

그런데 그중 한 단체에서 두 번씩이나 예상치 못한 봉변을 당했습니다. 어느 봄에는 주총장에서 한 총회꾼으로부터 느닷없이 재벌 회사 사장 출신이 어떻게 이 조직의 사외 이사를 하느냐는 비난을 받았습니다. 경영 마인드가 부족한 조직을 도와달라는 부탁을 받고 사외 이사직을 수행한 저로서는 참으로 황당했습니다. 또 한번은 노조 지부장으로부터였습니다. 노조가 요구한 임금 인상률이 현재 적자 상황인 회사가 받아들이기엔 적절치 않다는 뜻을 사석에서 비춘 것에 대해, 사내 이메일을 통해 공개적으로 왜곡된 비판과 인신공격을 퍼부었습니다.

특히 두 번째 일이 있고 나서는 한동안 충격에서 벗어나지 못했습니다. 선의로 돕고자 했던 조직으로부터 악의적인 공격과 비난을 받고 보니 당황스러웠고 억울하고 분노가 치솟았습니다. 그러면서 여러 생각이 올라왔습니다. '지금까지 살아온 내 인생 기록이 있는데, 현직에서 오랜 기간 노사 관계 업무를 하면서도 이런 인격적인 모독을 당한 적이 없는데, 은퇴하고 이 나이가 되어 이런 꼴을 당해야 하나? 여태 살아온 그 궤적만으로도 인정받고 존경받지는 못할망정 이런 수모를 당해야 할 이유가 어디에 있나? 그냥 다 관두고 편안히 지내는 게 맞는 거 아닌가?'

나름 그동안 꼰대가 아닌 좋은 어른이 되어 젊은 후배들을 격려하고 형편이 어려운 조직들을 돕겠다는 일념으로 활동해 온 것이었기에 큰 실망감과 허망함이 몰려왔습니다.

두 달 가까이, 그 당사자가 사과하도록 조치하지 않는 이 조직에는 미래가 없다, 사임하겠다는 생각을 하면서 주변의 몇몇 지인들에게 조언을 청했습니다. 대다수는 제가 개인적으로 말도 안 되는 일을 당한 건 사실이라고 말하더군요. 또 한편 이 상황은 그 조직이 오랫동안 해결하지 못한 구조적 문제에서 온 것이기도 하지만 그래도 사임은 하지 않았으면 좋겠다는 의견들이었습니다. 이 조직의 빛과 그림자를 함께 껴안아달라는 것이었지요.

　　　　　　　　　　　✐

얼마 뒤 20년 아래의 한 후배가 고민하는 저를 보고 이렇게 말했습니다. "몇 년 전 제가 회사에서 너무 크게 상처 입어서 관두려고 했을 때 제게 소명 의식과 인욕(忍辱)을 말씀하셨잖아요? 이번엔 선배님이 인욕하실 차례예요. 그리고 그 사람 만나게 되면 이렇게 물어보세요. '왜 그랬어요? 정말 궁금해요.' 순수한 호기심은 상대를 무장 해제 시켜요."

저는 현직에 있으면서 소명 의식이 있어야 인욕할 수 있고 인욕을 거치지 않고는 소명이 실현될 수 없다는 생각을 해왔습니다. 그런데 막상 이 후배가 지금의 저에게 그것을 요구했을 때 순간 당황했습니다. '뭐라고? 평생 그렇게 살아왔으면 됐지, 은퇴하고 나서 이 나이가 된 나더러 지금 또 인욕하라고? 순수한 호기심을 가지라고?' 그러면서도 그의 말이 마음에 박혀서 머릿속을 떠나지 않았습니다.

어느 날 저 자신에게 질문했습니다. '그런데 대체 내가 이 일을 왜 시작한 거였지?' 답은 분명했습니다. 오랫동안 이 조직이 하는 역할이 참으로 소중하다고 여겨오던 차에 내 도움이 필요하다고 해서 수락한 것이었습니다. '그런데 내가 왜 이렇게까지 상처 입고 분노했을까?'라는 질문이 다시 떠올랐습니다. 얼마 안 되어 답이 올라왔습니다. '아, 그건 내가 아무런 조건 없이, 아무런 대가도 기대하지 않으면서 단지 돕겠다는 마음으로 이 자리를 수락했고 일해 온 건데, 결국 내게 돌아온 건 이런 얼토당토않은 모욕이니 당연히 배신감이 든 거지!'

그런데 이어서 또다른 질문이 올라왔습니다. '그렇긴 한데, 네가 정말 조건 없이 도왔던 게 사실이야?' 한동안 이 질문을 붙들고 깊이 생각해 보았습니다. 그러던 어느 날, 조건 없이 돕겠다는 마음의 밑바닥에는 제가 의식하지 못했던 조건이 있었다는 것을 알아챘습니다. 마음 저 깊은 바다에 똬리를 틀고 있던 한 생각이 보였습니다. '나의 선의에 대해 감사해하고, 인정하고, 존중하라!'

아, 조건 없이 도운 것이 아니었습니다. 돈이나 권력이나 명예라는 대가를 바란 것은 분명히 아니었습니다. 어떤 다른 자리를 가기 위한 징검다리로 생각한 것도 아니었습니다. 그렇지만 저도 미처 의식하지 못했던 그런 조건이 있었던 것입니다. '조건 없이 돕겠다고 한 게 사실이 아니었는데, 그것 때문에 분노하는 건 좀 우습잖아?'

이어서 또다른 질문이 올라왔습니다. '그건 그렇다 치고 대체 누가 상처받은 거지?' 잠시 후 답이 올라왔습니다. '아하, 내가 상처받은 게 아니네. 내 자존심이 상처받은 거네! 근데 내 자존심이 나야? 아니지, 내 자존심은 내가 가진 수많은 마음 중의 하나일 뿐이지. 나 자신은 아니지.' 그러자 다른 목소리가 들렸습니다. '그러니까, 네가 상처받은 게 아니잖아. 넌 까딱없어. 괜찮아. 대세에 지장 없어!' 이어서 그 목소리가 자존심에게 말했습니다. '아, 상처받았냐? 응, 그래, 그래. 근데 말이야, 괜찮아!'

그러자 바로 마치 거센 바람에 순식간에 구름이 걷히듯 부정적 감정이 어디론가 사라지고 제 마음이 밝아지고 편안해지는 것이었습니다. 잘못은 그 사람에게 있는 것이고 그가 해결할 문제이지 제 문제가 아니었습니다. 나에게는 상처받지 않는, 까딱없는 내가 있다는 말을 들으니 기운이 나고, 몸집 커진 당당한 내가 느껴졌습니다. 그리고 느닷없이 히죽히죽 웃음이 나왔습니다. '크크, 이번 일은 사임할 만한 중대 사태가 아니네!'

영리를 목적으로 하는 조직 생활에서는 대체로 속도와 효율성을 위한 명령 복종의 위계질서가 작동됩니다. 그런데 비영리 조직에서는 대개가 그렇지 않은 것 같습니다. 영리가 아니라 명분을 따라온 구성원들이기에 오히려 각자의 에고가 더욱 강할 수 있습니다. 그렇기에 선의로 공익을 위해서 일하면서도 여러 사람들과 함께 해나가는 그 과정에서 나와 생각이 다른 사람들로 인해서 내가 상처를 입을 가능성이 영리 조직에서보다 오히려 더 클 수 있습니다. 내가 아무리 옳다는 신념이 있다 하더라도 모두가 그렇게 동의하지 않을 수 있다는 것이지요.

내 뜻이 현실에서 이루어질 시절 인연을 만나면 너무나 보람 있고 행복한 것이지만 그렇지 못하면 어쩔 수 없는 것이지요. 그건 어찌 보면 삶의 기본값인지도 모릅니다.

그 후배가 말한 "이제 선배님이 인욕하실 차례예요!" 아, 예, 그렇습니다. 나의 소명에 대한 뚜렷한 인식을 가지고 남들과 더불어 일하면서 사는 한, 인욕은 필수적인 과정인 것 같습니다. 노년에도 성장하고자 하는 마음이 있는 한, 이 삶을 졸업할 때까지 인욕은 면제받을 수 없는 과제인 것 같습니다. 그리고 성장은 고통을 수반한다는 진실을 다시 깨닫게 됩니다. 노년의 성장에서도 성장통은 필수적인 것이지요.

그뿐 아니라 그 과정에서 순수한 호기심이란 참으로 중요한 것이라는 것을 젊은 후배로부터 다시 배웠습니다. 내가 아는 것이 다가 아니라고 생각하는 것입니다. '회사는, 조직은, 세상은 이런 거야!'라는 생각의 관성에서 벗어나는 것입니다. '나는 모른다!'의 마음을 가지되 '아, 그런데 궁금하네?'라고 열어놓고, 필요하면 하시라도 경로를 수정하겠다는 자세입니다. 70년을 넘게 살아왔는데도 아직도 세상사 모르는 게 너무나 많습니다. 그렇지만 '느리더라도 하나씩이라도 깨쳐나갈 수 있다면 그게 어디냐, 앞으로도 배울 게 천지에 널려 있다!'라고 생각하니 새로운 희망이 느껴지고 기운이 납니다.

5장

언젠가
은퇴 앞에 다다를
당신에게

25

## 고요히 멈추어
## 나를 만나십시오

　　　　나이가 들수록 느려지고 기운이 떨어지는 것은 자연스러운 일입니다. 가깝게 지내는 후배가 최근에 이렇게 말했습니다. "엄마 댁에 들렀다가 서울 집으로 돌아오는 길에 늘 그렇듯 엄마가 저를 정류장까지 바래다주셨어요. 전에는 똑같이 나란히 걸었는데 어느 순간부터 엄마가 저를 못 따라오시는 거예요. 처음에는 짜증을 냈지요. 그런데 이젠 알아요. 나이가 들면 느려진다는 걸."

　그러면서 또 이야기합니다. "출근 시간에 버스 놓칠세라 젊은 사람들이 막 뛰어오는데, 한 할머니가 못 뛰시는 거예요. 버스 기사님이 기다려주시면서 '아이고, 덥죠?'라고 했어요. 버스에 탄 젊은 이들은 '빨리 출근해야 되는데' 하는 표정이에요. 내가 나중에 나이가 들었을 때도 이 사회가 왜 이렇게 늦냐면서 구박할까 싶더라고요."

 노년의 모습은 여러 가지인 것 같습니다. 제가 아는 어떤 의사분은 80세가 다 되어갑니다. 제법 규모가 큰 병원을 운영하시는데 여전히 일주일에 3일은 직접 오전 진료를 합니다. 환자들에게 늙어 보이지 않으려고 2주에 한 번씩은 꼭 헤어 커트를 하고 염색을 하지요. 그리고 헬스장도 규칙적으로 다닙니다. 자신이 평생 해오던 일을 노년에도 여전히 열정적으로 할 수 있다는 것은 참 큰 행운이지요. 탁월한 DNA를 물려받은 아주 예외적인 경우라고 여겨졌습니다.

 또 한 분은 얼마 전 외국계 기업 고위직에서 은퇴했는데, 1~2년 뒤 싱가포르로 이주해 살아보는 것이 꿈이라고 합니다. 그러면서 여기저기 바쁘게 다니며 여러 가지를 배웁니다. 사실 요즈음의 60대는 경제적으로 어느 정도 안정된 경우라면 그냥 기운 없이 앉아 있지 않고 새로운 걸 배우려고 동분서주하는 듯합니다.

 한편, 어떤 50대 정신과 의사는 일로 너무 바쁘다 보니 과거와 같은 에너지가 올라오지 않으면서 매너리즘에 빠졌다고 고백합니다. 그러면서 좀더 자신에게 집중하고 행복하기 위해서 일을 줄여가겠다고 말합니다. 어떤 교수는 62세쯤에 자신이 일에 대한 열정은 여전히 있지만 에너지가 너무 부족하다는 걸 깨달았다고 합니다. 겨우 버텨서 65세 정년을 맞았다고 고백합니다. 젊어서 너무 많은 에너지를 소진했다는 것이지요. 퇴직 후엔 전공과 관련된 어떤 일도 하지 않고 좋아하는 것만 하면서 의식적으로 무조건 쉰다고 말합니다.

❦

과거 이름을 날렸던 유명인들을 간혹 TV에서 만나는 경우가 있습니다. 제게 익숙했던 모습과는 너무도 달라져 있어서 '아, 저분이 저렇게 늙었단 말인가? 나도 저렇겠지?' 하며 새삼 정신이 번쩍 들기도 합니다. 노화는 그 사람이 가진 부나 명예나 권력의 수준과 무관하게 찾아옵니다. 아주 평등합니다. 한때 세상을 호령했던 권력자도, 천문학적인 부를 소유했던 재벌 오너도 예외가 아닙니다.

사외 이사도 초빙 교수직도 모두 사임하고 일 없이 조용히 지낼 때였지요. 모처럼 큰맘 먹고 미국에 사는 딸네 집에 갔었습니다. 이전과 달리 활동적이지 않은 저를 보고 둘째 딸은 '친구 아빠들은 활기가 넘치고 이것저것 많이 하는데 왜 아빠는 맨날 노인 티를 내느냐'고 핀잔을 줬습니다. 좀 서운했습니다. 내가 이해를 못 받는구나, 얘는 내가 힘든 걸 모르는구나 싶었습니다.

그랬던 둘째 딸이 최근 다른 이야기를 했습니다. 제가 출연했던 다큐멘터리를 미국에서 보면서 눈물이 나는 바람에 몇 차례나 중단했다가 다시 봤다는 것이었습니다. 딸은 "아빠가 얼마나 외로운지 알았어요. 곁에 가까이서 살고 싶어요"라고 말하면서 눈물을 글썽거렸습니다. 얼마나 행복하던지요. 마침내 자식에게서 이해받는다는 것은.

저는 61살에 은퇴한 뒤 완전히 달라진 생활 환경을 받아들이고 저만의 삶의 모드를 찾는 데 2년 가까운 시간이 걸렸습니다. 그 과정에서 저는 어떤 일을 할 때 가장 활기차고 행복해지는지 많이 생각했습니다.

일단 노화를 인식하게 되면서 내가 느려져야 한다는 것을 깨달았습니다. 에너지 레벨이 전과 같지 않음을 받아들이고 삶의 속도를 줄여야만 내가 안전할 수 있다는 것을 알게 되었지요. 그러면서 속도보다는 방향에 대해 더 많은 관심을 갖게 되었습니다. 내가 좋아하는 것이 무엇인가. 나는 어떨 때 행복한가. 그렇게 느려짐과 의식적으로 가까워지니 빠르게 살 때는 보이지 않던 것들이 보이고 들리지 않던 것들이 들렸습니다.

오래전에는 제주도 여행을 가면 승용차로 관광 명소에 들렀다가 사진 찍고 또 다음 장소로 가곤 했지요. 그 뒤엔 한라산만 올라갔다가 내려오곤 했습니다. 그런데 여러 해 전 제주올레길을 걷게 된 이후부터는 느리게 두 발로 걸으며 풍광과 마을과 사람들을 보고 또 들으면서 제주의 진면목을 생생하게 접하게 되었습니다.

사실 늙음과 상관없이 젊었을 때부터 시시때때로 기회를 만들어 느림과 친해지면 삶이 좀더 잘 보이게 됩니다. 그렇게 되면 은퇴와 노화의 시기가 왔을 때 새로운 삶의 모드로 전환하는 데 어려움을 줄일 수 있을 겁니다. 불교에서 말하는 '지관(止觀)'이 생각납니다. 고요히 멈추어서 현상을 있는 그대로 바라본다는 뜻이지요.

지(止)는 영어로 고요함(Serenity) 혹은 정지(Stillness)로 표현하는데, 현상을 있는 그대로 볼 수 있기 위해서는 먼저 멈추어야 한다는 것이지요. 그런데 고요히 멈춘다는 것은 무기력하게 주저앉아 아무것도 하지 않는다는 것이 아닙니다. 자기 자신의 의도와 욕망, 선입견과 고정 관념을 따라가지 않는다는 뜻이지요. 느·조·심은 지관과도 통한다는 생각을 했습니다.

나를 세상에 드러내서 남들에게 잘 보이고, 좋은 평가를 받겠다고 스스로를 증명하려다 보면 삶이 소란스러울 수밖에 없습니다. 젊고 직장 다닐 때는 남들뿐 아니라 저 스스로가 저 자신에게 부과한 과도한 의무나 도리를 다하려고 애쓰느라 몸과 마음이 요란하고 시끄러웠습니다. 남들과 거리를 두고 더 이상 애쓰지 않게 되니 삶이 조용해졌습니다. 안팎의 시끄러운 자극이 줄어드니 저에게 더 집중할 수 있게 되었습니다.

에너지 레벨이 낮아졌다고 해서 열정이 없는 것은 아닙니다. 나의 내면 깊숙한 곳에는 여전히 열정이 있습니다. 그 열정을 계속 불사르되 젊을 때와는 달리 영역을 줄여서 선택과 집중을 하니 과거의 기준으로 볼 때 심심하게 지내는 것뿐입니다. 심심하게 지낸다는 것은 아무것도 안 하고 무료하게 사는 것은 아닙니다. 칩거하거나 삶에 무관심해진다는 것도 아닙니다. 오히려 내가 무엇에 마음이 가고 좋아하는지를 알게 되면 그 일을 열정적으로 하게 됩니다. 그렇지만 내가 드러나거나 돋보이고 돈이나 지위, 혹은 명성을 얻게 되는 것은 아닙니다. 그 일 자체를 즐기고, 함께 일했던 후배들이 조금이라도 나에게서 받은 영향으로 잘되는 것을 보면 즐거워지고 행복해집니다. 내 마음이 가는 일들만 하고, 가고 싶은 곳만 가고, 만나고 싶은 사람들과 적극적으로 만나면서 삶을 나누는 것이지요. 젊었을 때와 달리 남과 비교도 거의 하지 않게 됩니다. 심심하면서도 제법 즐겁고 편안한 노년은 정말 축복받은 시기입니다.

## 26
## 어느 30대 소프라노에게
## 배운 것

지난해 초, 드리스 판아흐트 네덜란드 전 총리 부부가 동반 안락사를 택했다는 소식이 전해져 왔습니다. 이 부부는 93세 동갑으로 남편은 2019년 겪은 뇌출혈 후유증으로, 아내인 외제니 여사 역시 여러 가지 질병으로 고통을 받아왔다고 합니다. 판아흐트 전 총리가 평생을 천주교 신자로 살아왔기에 안락사를 택했다는 사실은 더욱 특별하게 다가옵니다. 천주교에서는 스스로 목숨을 끊는 일을 죄악으로 간주하지요. 안락사도 마찬가지입니다. 네덜란드는 2002년 세계 최초로 안락사를 합법화했고, 지금은 전체 사망자의 약 5퍼센트가 안락사를 선택한다고 합니다.

제가 안락사, 조력사에 대해 처음 관심을 가진 건 7년 전입니다. 2018년 5월 10일, 호주 에디트 코완 대학교 명예 교수인 데이비드

구달(David Goodall)이 104살의 나이에 스위스에서 조력사를 선택했다는 기사를 봤습니다. 그는 90살이 돼서도 테니스를 즐길 정도로 건강했고, 100살이 넘어서도 논문을 발표하기도 했습니다.

그러던 그가 102살이던 2016년, 학교는 그의 출퇴근을 염려하며 퇴임을 권했습니다. 이를 계기로 자신의 삶의 질이 예전과 같지 않다는 생각을 하게 됐다고 합니다. 2018년 초에는 집에서 넘어져 크게 다쳤지만, 혼자 살던 터라 이틀 뒤 발견될 때까지 꼼짝없이 홀로 누워 있었다고 합니다. 조력사를 결심한 이유였다지요. 관련 영상에서는 그가 세상을 떠나기 전 가족 한 사람 한 사람과 따뜻하게 이별하는 모습을 볼 수 있었습니다. 참 마음 아프고 슬프면서도 또 한편 아름다웠습니다. 그는 예정된 죽음을 앞두고 한 마지막 언론 인터뷰에서 베토벤 교향곡 9번 4악장 〈환희의 송가〉를 힘차게 불렀습니다. 그는 그렇게 자신의 삶을 마감했습니다.

노년에 홀로 살면서 마지막에 대한 생각을 하게 됩니다. 1인 가구의 거의 절반이 그러하듯이 저 역시 고독사에 대한 두려움이 있습니다. 경제적으로 빈곤한 처지의 독거 노인들에 비해 현실 조건이 나은 사람들의 경우에는 홀로 가는 과정이 조금은 덜 고통스러울 수는 있겠지요. 그러나 결국에는 100퍼센트 확률로 누구나 죽는다는 점에서는 조금도 다르지 않습니다. 총리도 교수도 부자도 노숙자도 그 누구도 결국에는 혼자가 됩니다. 누구나 결국에는 죽습니다. 저도 그렇습니다. 현실에서 아무리 큰 권력을 누리고 화려한 삶을 살아도 죽음은 그 누구도 피해가지 않습니다. 주변에서 가끔 치매로 자신 아닌 자신으로 사느니 조력사를 택하겠다는 사람들을 만나게 됩니다. 치매가 아니라도 남은 가족들, 자식들에게 폐를 끼치지 않기 위해서라도 조력사를 택하겠다는 사람들도 있습니다.

최근 영화 〈플랜 75〉를 봤습니다. 미래 일본을 배경으로 한 이 영화는 75살이 되면 누구나 건강 상태와 무관하게 정부의 안락사 프로그램을 신청할 수 있다는 가상의 사회적 안락사를 다루고 있습니다. 영화에서 정부는 남에게 폐를 끼쳐서는 안 된다는 일본 문화와 정서에 기대어, 경제적 압박과 사회적 고립에 처한 노인들에게 안락사 신청을 부추깁니다. 여기엔 75세 이상의 후기 고령자가 되면 사회적, 경제적 쓸모가 없어진다는 인식이 깔려 있습니다. 사실상 당신의 인생은 끝났다고 정부로부터 통보받는 것이지요. 이 프로그램으로 일본의 경제적 효과가 크게 나타나서 정부는 향후 '플랜 65'까지 고려하게 됩니다. 그런데 막상 성실하게 관련 업무를 하던 젊은이 3명이 신청자들과 인간적 교류를 경험하면서, 차차 정부 주도의 안락사 프로그램에 회의감을 가지고 윤리적 고민을 시작하게 됩니다.

영화를 만든 하야카와 치에 감독은 최근 인터뷰에서 영화 개봉 당시 고령자와 젊은 관객들 간의 대화를 소개하면서, 누구나 자신이 죽는다는 당사자성을 확인하고 깊이 생각하며 상호 공감의 기회를 가질 것을 희망한다고 말했습니다. "존엄한 죽음이란 자신을 소중한 존재라고 느끼면서 맞이하는 죽음이 아닐까"라고 한 감독의 말이 참 마음에 와닿았습니다.

～

 존엄사, 조력사, 안락사 등에 관한 자료를 찾다가 '디그니타스(Dignitas)'라는 스위스의 조력사 관련 단체의 누리집을 방문해 보았습니다. 2023년 4월 기준 디그니타스의 한국인 회원 수는 136명에 이릅니다. 이는 일본과 중국의 갑절 수준으로, 아시아 국가 중 제일 많습니다. 전체 97개국 중에서도 11번째라고 합니다. 또 니그니타스, 페가소스, 라이프서클 등 조력 사망을 돕는 단체를 통해 죽음을 택한 한국인은 지난해까지 10명가량 된다고 합니다.

 한국에서는 임종을 앞둔 경우 소극적 안락사가 가능합니다. '연명의료결정제도'가 2018년 2월부터 시행되고 있지요. 생의 마지막 단계에서 억지로 살려놓고 고통만 가중하는 다양한 생명 유지 장치를 미리 거부할 수 있습니다. 지금까지 120만 명이 넘게 등록했다고 합니다. 물론 한계는 있습니다. 한국은 법적으로 병원에서는 산소 공급과 삽관을 통한 영양분 공급은 사망 시까지 반드시 하도록 되어 있기 때문에 이로 인한 사망 전 고통을 피할 수가 없는 것이지요.

 아무튼 저도 그해 가을, 등산 친구들과 함께 산행을 한 뒤 한 재단을 방문해서 사전연명의료의향서를 신청했습니다. 등록 과정은 비교적 단순했지만 마냥 편하지도 않았습니다. 마치 제가 저의 죽음을 관장하는 것 같은 어색하고 묘한 그리고 엄숙하고 두려운 마음이 들었습니다. 신청서를 작성한 뒤 친구들과 함께 평소처럼 반주를 곁들인 저녁 식사를 했습니다. 하지만 그 자리의 분위기는 10여 년 함께했던 뒤풀이와는 달랐습니다. 남의 죽음을 애도하고 문상하면서 느끼는 것과는 달리 자신의 죽음에 대해서 각자, 그리고 함께 생각하는 것은 처음이었습니다.

저에게 몸의 삶, 마음의 삶이 몇 년이나 남아 있을까 하는 생각을 합니다. 노화를 자각하면서 자연스레 죽음도 생각하게 된 것 같습니다. 근래에 간간이 고교 동창들의 본인상 부음을 받게 되면서 이게 남의 일이 아니구나 하는 생각이 더 크게 다가옵니다.

태아가 엄마 뱃속에서 나오면 크게 울어야만 건강이 확인된다고 합니다. 첫울음으로 폐의 세포들이 순식간에 팽창하면서 숨을 쉬게 되고, 심장과 다른 장기에 산소가 보내지면서 비로소 삶이 시작되기 때문이라고 합니다. 이 첫 숨으로 시작된 삶은 마지막 숨을 거두면서 소멸하게 됩니다. 태어나서 살다가 결국은 죽음으로 가는 이 대자연의 법칙 앞에서 종종 저는 무력감을 느끼기도 하지만, 또 지금 이렇게 살아 있다는 것에 대해 감사와 기쁨이 솟습니다.

몇 해 전 우연히 방송에서 나오는 인터뷰를 듣고 소프라노 박혜상을 처음으로 알게 되었습니다. 그는 2020년 도이체 그라모폰에서 데뷔 음반 〈아이 엠 헤라(I AM HERA)〉를 내고 2021년 12월 모차르트 오페라 〈마술 피리〉의 주역으로 마침내 뉴욕 메트로폴리탄 오페라극장 무대에 선 30대의 세계적인 소프라노입니다. 그런데 그는 데뷔 음반을 발매하기 전에 극심한 슬럼프에 빠져서 목소리가 거의 나오지 않아 노래를 제대로 하지 못했습니다. 그때 한 선생님이 말했답니다.

"왜 너는 늘 '만일 그때 내가 이렇게 했더라면 너 잘했을걸'이라는 가정법으로만 말하니? 그냥 아이 엠(I am)이라는 현재형으로 그다음 말을 이어봐." 그가 당황해서 눈물을 글썽거리는데 그 선생님이 이렇게 덧붙였답니다. "그다음 말은 이너프(Enough)야. 아이 엠 이너프(I am enough)!"

"나는 나 자신으로 충분해!"라는 말이지요. 그 순간 그는 '아, 그동안 나는 다른 사람들에게 더 잘 보여야 한다는 강박에 사로잡혀서 나 자신을 잃어버렸구나'라는 깨달음을 얻었다고 합니다. 그리고 '나다움'을 표현함으로써 성악가로서 자신의 길을 찾았다고 했습니다(『회사에서 안녕하십니까』 206~207쪽 참고). 그 이야기를 들으면서 그의 음악도 훌륭하지만 '우와아, 30대 초에 저런 깨달음을 얻다니 정말 대단하다!'라고 감탄했던 기억이 있습니다.

그런데 이 박혜상이 최근에 또다시 같은 방송에서 인터뷰 하는 것을 들었습니다. 최신 음반 타이틀 〈숨(Breathe)〉의 앨범 재킷 표지에 있는 물속에서의 본인의 모습을 설명합니다. 코로나 기간 중 공연 취소로 인한 좌절과 절망 그리고 우울을 견뎌내기 위해서 그는 프리다이빙을 배우고 수중 촬영을 하게 됩니다. 그러면서 거듭된 시도 끝에 물속에서 호흡을 참는 극치에 갔을 때 얻게 된 침묵과 평화로움을 얘기하고 또 물속에서 자신이 숨을 쉬고 있는 꿈 얘기를 합니다. 대표곡 〈당신이 살아 있는 동안(While You Live)〉의 도이체 그라모폰 공식 영상에서 물속에서 유영하는 그의 모습을 잘 볼 수 있습니다. 소리를 내는 것이 직업인 소프라노가 숨 참음과 침묵의 아름다움과 평화를 얘기하면서 고요함과 정적의 무음을 모르면 음악을 알 수 없다고 말합니다. 그리고 이제는 자신의 숨에만 의지해서 평온하게 감사와 사랑의 삶을 살고자 한다는 말을 들으면서 첫 번째 인터뷰에서 느낀 그 이상의 감동이 느껴졌습니다.

한 소프라노가 깨달은 자기 자신과의 만남, 그리고 움직임과 멈춤, 소리와 정적, 숨 참음과 숨 쉼 등 얼핏 모순인 듯한 것들을 역설로 받아들이는 탁월한 통찰이었습니다. '아, 그 바탕에서 그의 깊고 또 아름다운 음악이 나오는구나!' 하는 생각이 들었습니다. 30대가 얻은 지혜를 통해서 70대가 또 배웁니다.

'죽음은 가장 큰 스승'이라는 말이 있습니다. 언젠가 죽음이 내게도 순식간에 닥칠 수 있다는 생각을 하면 현재 삶의 의미가 달라질 수 있기 때문입니다. 죽음에 대해서 좀더 깊이 공부해야겠다는 마음이 일어납니다. 조력사도 안락사도 모두 몸의 고통과 몸의 죽음에 관한 것입니다. 저는 몸의 죽음뿐만 아니라 마음의 죽음도 궁금해집니다. 메멘토 모리(Memento Mori), '오늘은 승리했으나 우쭐대지 말라. 언젠가는 죽는다'는 의미로 로마의 개선장군 퍼레이드 뒤에서 노예가 외치도록 했다는 이 말이 다시 생각납니다. 소멸은 또다른 생성으로 이어지니 숨 쉬며 사는 지금의 삶을 조금 더 잘 살고 싶습니다.

27

## 깊은숨 한번 제대로 쉴 수 있다면 성공입니다

근래에 만난 몇몇 후배들이 어려움을 털어놓습니다. 회사에서 일에 지치고 사람들과의 관계에 치여서 너무 힘들다고 합니다. 하루 종일 온갖 정보의 홍수 속에서 이리저리 떠밀리는 것도 모자라 AI니 챗지피티니 하는 새로운 기술이 등장하면서 더욱 압박감을 느낀다고 합니다. 이해하고 따라잡으려고 애쓰다 보면 완전히 방전된 자신을 보게 된다는 것이지요.

또 한편, 조직 내에서는 마음을 나눌 사람이 없고 회사 안팎으로 사람들과의 경쟁이 더 심해지면서 초조하고 불안하다는 것이지요. 주변에서 번아웃에 시달리던 동료들이 그만두는 경우가 제법 있는데 달리 할 일이 뚜렷하게 있어서 그만두는 것도 아니라고 합니다. 특정 분야의 전문가고, 회사 내에서도 일을 잘하는 사람들이었는데 현실에서 탈진한 바, 살고 싶어서 그만둔다는 것이지요. 이들은 하나같이 "나를 돌볼 시간이 필요하다"고 이야기한다고 합니다. 몸이든 마음이든 아픈 후에야 자신을 돌볼 시간이 필요했음을 느끼게 되나 봅니다.

제가 현직에 있을 때 대학 교수로 있던 친구가 이런 말을 해준 적이 있습니다. 대기업 임원들은 날개 끝에 달린 마지막 깃털이 잘려 나간 사람들 같다고요. 그래서 날아오르고 비행하는 데 원래 자기가 갖고 태어난 능력을 최대치까지 발휘하지 못하고 산다는 것이지요. 일리가 있다고 생각했습니다. 그러면서 저는 '내 날개 끝 깃털은 내가 지킨다!' 하고 단단히 마음먹었던 기억이 있습니다.

그런데 그게 어디 쉽나요. 저는 '겸손하게 그러나 당당하게'를 모토로 직장 생활을 했습니다. 논어에서 말하는 화이부동(和而不同)보다는 부동이화(不同而和)가 맞다고 생각했지요. 원래가 다르니 같아지려 하지 않으면서 마음으로는 부동이화, 실천에서는 화이부동으로 제 나름 소신껏 일하고자 했지만 회사는 여러 사람이 함께 일하는 곳이라 다른 사람들이 반드시 내 뜻을 이해하고 동의해 주는 건 아니지요. 공동의 목표가 있다고 해도 그걸 향해 가는 방법에 있어서는 생각이 다를 수 있습니다. 내 날개 끝을 지키는 과정에서 폭우에 젖을 수도 있고 강풍에 상처 입을 수도 있습니다. 그러면서도 끈질기게 노력하다 보면 생각이 달랐던 사람들도 결국 동의해 주고 일이 잘 풀릴 수 있습니다. 성취감과 보람을 느끼면서도 지치고 탈진하게 되는 시간입니다.

은퇴하고 돌아보니 직장 생활을 하는 동안은 깊은숨을 쉬지 못하고 사는 것 같습니다. 직장에 다니거나 자기 사업을 하거나 일을 하는 과정에서는 눈치 보고 고려해야 할 일들이 참 많습니다. 사업 파트너와 고객, 상사, 동료, 심지어 후배들까지, 그들이 어떤 생각을 하고 내가 어떻게 평가받는지 늘 신경을 곤두세우게 됩니다.

그뿐 아니라 직장 밖에서도 내가 어느 회사를 다닌다는 것이 나에게 라벨처럼 붙어서 내가 하는 말이나 행동이 혹시 회사에 누를 끼치게 되지 않을까 늘 조심하고 삼가게 됩니다. 들숨과 날숨을 잘 쉬는 것이 생명을 유지하는 데 가장 기본적인 사항인데, 깊은숨을 쉬지 못하니 몸과 마음이 제대로 작동하지 못하는 것이지요.

우리의 육체가 제대로 작동하기 위해서는 산소 호흡이 필수적입니다. 깊은숨 내쉬기가 몸을 넘어 마음을 다스리는 데도 긴요하다는 점은 동서양의 수행 전통에서도 볼 수 있습니다. 기독교에서는 성령을 숨으로 표현합니다. 부활한 예수가 제자들에게 나타나 그들에게 숨을 내쉬며 성령을 받으라고 말하는 성경 구절이 있습니다. 불교의 위빠사나 수행에서는 자신의 몸과 마음을 알아차리는 수행을 하면서 우선 자신의 숨에 집중하도록 숨의 횟수를 세는 수식관을 합니다.

숨이 얕은 것은 호흡이 가쁘다는 것이고 수명이 짧다는 것이지요. 깊이 숨 쉬는 것은 뇌의 편도체를 안정시키고 심장 박동수를 낮추어 몸과 마음의 안정을 가져온다고 합니다. 이것은 영적 성장을 위해서도 필요한 것이지요.

LG인화원장으로 일하던 어느 해에 직원들이 1년에 다만 며칠이라도 홀로 있으면서 제대로 숨을 쉬면서 자기 자신을 만날 수 있는 시간을 갖도록 하고 싶었습니다. 연말에 인화원 시설 점검을 위해 한 주간 문을 닫는 시간을 활용해 보기로 했습니다. 이 기간 동안 각자가 홀로 지내는 프로그램을 만들고 회사에서 비용을 지원해 주었습니다. 산사나 수도원에 머물러도 좋고 그냥 자연 속에 들어가서 며칠 있다가 와도 좋다고 했습니다. 유일한 조건은 홀로 가야 한다는 것이었지요.

　첫해에는 단 1명만이 다녀왔습니다. 그러나 해가 갈수록 신청자가 늘었습니다. 먼저 다녀온 사람들이 강력히 추천한 결과였습니다. 현실적으로 배우자와 자녀들이 있는 경우에 직장에 다니면서 홀로 여행을 간다는 건 엄두를 내기 쉽지 않기에, 이것은 회사 공식 프로그램이고 승진 조건이라고 집에다 말할 수 있도록 해주었습니다.

　직원들뿐 아니라 저도 틈나는 대로 숨을 쉴 수 있는 시간을 갖고자 노력했습니다. 연휴나 여름 휴가 때 1박 2일 혹은 2박 3일로 지리산, 설악산 등으로 등반을 가거나 절이나 수도원에 머물렀습니다. 무슨 특별한 프로그램에 참가한 것은 아니었습니다. 그냥 외딴곳에 가서 조용히 앉아 명상을 배우기도 하고 산책을 하고 수도자들과 대화를 나누기도 하고요. 그러면서 점점 더 영적인 부분으로 관심이 넓혀졌습니다. 틱낫한 스님, 폴 니터 교수, 길희성 교수 등 타 종교와의 교류를 통해서 영성 그 자체에 집중하는 분들의 저작을 통해서 차차 '영성 없는 종교는 불가능하지만 종교 없는 영성은 가능하다'는 생각에 공감하게 되었습니다.

또 여러 종교의 수도자들과 매월 한 번씩 저의 집에서 영성 모임을 10년간 했습니다. 참으로 많은 삶의 자양분을 얻었습니다. 이러한 시간들은 저로 하여금 깊은숨을 쉴 수 있게 해주었습니다. 회사 생활에서 오는 스트레스의 해독제 역할을 해주고, 분주한 삶 속에서도 늘 맴돌던 마음의 허기를 채워주었던 것 같습니다. 좀더 근본적으로 제 삶의 균형점을 맞출 수 있었지요.

자기 자신과 대면하고 자기 성찰 능력을 키우고 연마하는 것이야말로 40대~50대 이후의 삶에서 가장 중요한 부분이라고 생각됩니다. 자기 성찰은 몸과 마음을 가진 인간으로서 지성과 감성을 넘어 영성의 영역이라고 생각됩니다. 짧은 시간 동안이라도 홀로 고요히 자신과 대면하게 되면 차차 또 남들과의 관계에서 깊은 공감에 바탕한 소통이 가능해지는 것 같습니다.

저 역시 저를 만나고 싶다는 욕구는 오래전부터 있었지만, 막상 그 작업을 시작하기까지는 오랜 시간이 걸렸습니다. 우선은 그 필요성을 느껴야 하고, 실행을 위해서는 현실적으로 시간과 비용이 들어가기도 합니다. 기존에 하던 일들을 줄이고 시간을 확보해야 합니다. 어떻게 보면 생활 패턴을 좀 바꾸어야 하지요.

하버드 대학교의 하워드 가드너 교수는 오래전에 '다중 지능 이론'을 발표했습니다. 인간의 지능은 기존의 IQ 테스트로 측정하는 수학, 언어 능력 외에도 음악 지능, 체육 지능, 대인 관계 지능 등 여러 가지가 있다는 것이지요. 그런데 그중에서도 저는 특히 자기 성찰 지능(Intrapersonal intelligence)에 관심이 많이 갔습니다. 자기 성찰 능력이라는 것은 자기 자신을 의식하고 집중할 수 있는 능력입니다. 외부의 대상이 아니라 자기 자신을 비추는 것(Self reflection)이라서 분석심리학에서 일종의 병리 현상으로 보는 투사(Projection)의 반대라고 할 수 있을 것 같습니다. 투사하는 경향을 가진 사람은 어떤 문제가 생겼을 때 모든 것을 상대방의 탓으로 넘깁니다. 자기 자신 내면의 불안이나 열등감 등을 직면할 힘이 없어서 그냥 밖으로 떠넘겨버리는 것이지요.

불교에는 자기 성찰과 관련해서 회광반조(回光返照)라는 표현이 있습니다. 밖으로 향하는 의식을 되돌려서 자기 자신을 비추어 본다는 뜻이지요.

토머스 키팅 신부의 말도 생각납니다. 노화는 의식 전환으로의 초대라고 했지요. 그런데 이 의식 전환은 어느 날 갑자기 되는 것은 아닌 것 같습니다. 은퇴 후 노년에 이르러 내면으로 성장하는 삶을 기대한다면 젊은 시절부터 '나는 누구인가' '내가 원하는 삶은 무엇인가'와 같은 질문을 품고, 때때로 고요한 시간을 보내면 좋을 것 같습니다. 저는 회사 생활이 수도자들의 수행 생활과 근본적으로 다르지 않다고 생각합니다. 현실의 삶 자체가 소중한 것이고 그걸 살아내는 것이 수행이지요. 진리는 바로 여기 이 세상 현실에서 자기 자신을 드러낸다고 합니다.

그래서 일상이 소중합니다. 업무와 육아 등 우리의 만만치 않은 일상에서 번아웃 되지 않으려면 잠깐잠깐이라도 혼자의 시간을 내보는 연습을 하면 좋을 듯합니다. 어디 멀리 가고 긴 시간을 내지 못하더라도 아침에 깨어날 때, 밤에 잠들기 전 5분, 10분이라도 자신의 몸과 마음에 주의를 기울이는 것이지요. 낮 시간에는 가능하다면 숲이나 강을 잠시라도 바라보는 습관을 들이는 것도 좋습니다.

얼마 전 돌아가신 프란치스코 교황은 생전에 사람들과 함께 하는 것을 좋아했다고 합니다. 돌아가시기 전날까지도 그러하셨지요. 저 역시도 하루이틀 집에 혼자 있다가 식당에 나가 점심을 먹으면서 직원과 잠깐이라도 얘기를 나누면 에너지가 생기는 걸 느낍니다. 우리는 누구나 남을 필요로 합니다. 그러기 위해서 잠시잠시 자기와 함께 있고자 하는 것입니다.

현재 제가 자기 성찰적 삶을 제대로 살고 있다고 자신하긴 어렵습니다. 그래도 노력 중입니다. 인생에서 자기 자신을 아는 것만큼 중요한 것이 또 있을까요?

28

## 인생 항로를 바꾸는
## 딸을 보며 깨달은 것

"아빠, 나 회사 그만두고 파리에 가서 살고 싶어요."

2년 전 뉴욕에 사는 큰딸이 잠깐 귀국해 인생 계획을 이렇게 털어놨습니다. 20년 동안 열정적으로 살던 곳을 떠난다는 건 보통 일은 아니다 싶었습니다. 거대 테크기업에서 세계적인 가수를 발굴하고 후원, 홍보하는 'Director of Artist Relations'라는 직책을 맡고 있는 딸은 이 분야에서 '구루(Guru)'라는 평판까지 듣고 있었습니다. 우린 여러 달에 걸쳐 많은 얘기를 나눴습니다.

"왜 뉴욕을 떠나고 싶은 거니?"

"우선 뉴욕은 삶의 속도가 너무 빨라요. 신나기도 했는데 이젠 좀 지쳐요."

딸도 이미 마흔이 넘었으니 그럴 만도 하겠다 싶었습니다.

"그런데, 왜 파리냐?"

"뉴욕에서는 저녁에 사람들을 만나도 어느 회사에 다니고 어떤 비즈니스를 하는가 외엔 관심이 없어요. 이젠 사람을 만날 때 삶에 관해 얘기를 나눌 수 있는 데서 살고 싶어요."

그동안 회사 일로 파리에 출장을 많이 갔는데 거긴 달랐다고 합니다.

"그 좋은 회사를 꼭 그만둬야 하는 거니?"

딸은 더는 거대 조직의 일원으로 일하고 싶지 않다고 했습니다. 그동안 쌓아왔던 경력을 파리에서 프리랜서로 일하며 계속 살릴 수 있다고 자신했습니다.

40대 중반을 바라보는 딸이 익숙함과 안락함을 포기하고 또 한번 커다란 삶의 전환을 모색한다는 점에서 저는 아빠로서, 또 인생 선배로서 좀 걱정이 되었습니다. 거대 다국적 기업이 가지고 있는 지원 시스템과 네트워크를 떠나서 스스로 일을 만들어내는 창업자, 고객을 찾아야 하는 자영업자로 사는 게 만만치 않을 테니까요. 상당 기간 수입도 대폭 줄어들겠지요.

하지만 한편으로는 위험을 감수하면서 자신이 원하는 삶의 방식을 선택하고 추구하는 딸이 대견하게 여겨졌습니다. 남의 이목을 생각하거나, 세상이 만들어놓은 기준에 맞추려고 하지 않고 자기 삶을 주도적으로 사는 게 참 대단하고 자랑스럽게 느껴졌습니다.

큰딸은 미국에서 대학 졸업 후 법률 회사에 사무보조원으로 취직했습니다. 한 해만 일하고는 로스쿨에 가려는 계획이었습니다.

그런데 입사한 지 한 해가 가까워질 무렵부터 제게 이메일을 보내기 시작했는데, 자신은 로스쿨을 안 가겠다는 것이었습니다. 한동안 여러 가지로 설득했지만 법률가는 자신의 길이 아니라고 했습니다. 수없이 주고받은 이메일 끝에 자기는 아빠가 성악 전공으로 음대를 가지 않은 것에 대해서 오랫동안 후회하는 모습을 봤다고, 그러면서 자신도 나중에 그렇게 후회하기를 바라느냐고 물었습니다. 거기에 제가 더 이상 할 말이 없었습니다. 사실 저는 40살이 될 때까지 종종 그랬으니까요.

그럼 뭘 하고 싶은 거냐고 물었더니 일단 법률회사를 관두고 뉴욕에 가서 식당 종업원으로 일하면서 일을 찾아보겠으니 6개월 정도 생활비만 도와달라는 것이었지요. 반년 후 딸은 MTV에 취직했고 2년 후 소니뮤직으로 옮겨서 거기서 9년을 일했습니다. 자신이 원하는 일을 열정적으로 해냈던 딸은 30대에 임원이 되었습니다.

제 젊은 시절도 생각났습니다. 대학 졸업 뒤 잘 다니던 회사를 그만두고 겨우 한 해 버틸 만큼의 유학 비용만 마련해서 외국으로 갔던 일, 15년간의 외국 대학 생활을 접고 귀국해서 한국 대기업으로 옮긴 일 등이 모두 사실 큰 위험을 감수한 선택이었습니다. 딸의 모습에서 제 젊은 시절이 생각나서 마음이 짠했고, 한편으론 저를 닮은 딸이 제 인생길을 따라오는 듯해 흐뭇하기도 했습니다.

많은 사람들이 회사에서 오랫동안 일하다가 40~50대가 되면 생각이 많아지는 것 같습니다. 내가 이 조직에서 얼마나 더 일할 수 있는지 질문이 올라옵니다. 여기에서 버틸 것인지 다른 데로 옮길 것인지, 그리고 계속 하던 일을 할 것인지 아니면 아예 완전히 길을 바꿀 것인지 고민이 많아지지요.

50대 초반 부사장 시절 저도 딸처럼 선택의 기로에 섰습니다. 회사에서 승진할 가능성이 더는 커 보이지 않았습니다. 나를 인정하고 꾸준히 신뢰해 주는 상사 덕분에 버티고 있었지만, 몇몇 고위급 경영자들은 저를 매우 힘들게 하기도 했습니다. 자식 셋의 유학 비용도 만만치 않았고, 저는 제 집 마련도 하지 못한 상태였지요. 외부에서 몇 가지 제안이 들어왔습니다. 한 곳은 국내 대기업이었는데 승진을 포함한 파격적인 조건이었습니다. 솔깃했습니다. 또 한 곳은 이미 거대한 세계적 다국적 기업이었는데 아시아 지역 대표 자리를 맡아달라고 했습니다.

상사에게 털어놓고 상의하기도 했고, 저는 가능한 모든 변수를 고려해 치열하게 고민했습니다. 현재 이 자리에서 느끼는 부족함과 새로운 자리가 줄 보상에 대한 기대를 현실적이고 객관적으로 세심하게 비교했습니다. 그리고 결론을 내렸습니다. 두 제안 모두 단기적으로는 분명히 현재보다 더 나은 보상을 주겠지만 장기적으로는 절대 만만치 않은 위험 요소들이 있다는 생각에 다다랐지요. 결국 저는 그냥 이 회사에서 끝까지 해보겠다는 선택을 했습니다.

생각해 보면 인생은 고비 때마다 내리는 선택의 날줄과 씨줄로 엮이는 것 같습니다. 어떤 선택을 하느냐에 따라 인생의 항로와 결과가 크게 뒤바뀌게 됩니다. 그런데 나의 선택이 오로지 내 뜻만으로 가능한 것일까요? 아닌 것 같습니다. 물론 내 꿈과 관심이 중요하긴 하지만, 선택의 과정에선 우연 같아 보이는 수많은 인연이 작용합니다. 또한 어쩔 수 없이 취하게 되는 '강제된 선택(Forced choice)'의 경우도 있습니다. 제 경우도 그랬습니다.

제가 교수로 있던 미국 대학을 떠나 국내 기업에서 일하기로 한 것은 단지 저의 의지와 결단만으로 된 것은 아니었습니다. 당시 제가 있던 미국 대학은 내부적으로 교수들 간의 갈등이 심각한 수준까지 치달아서 저는 그곳을 떠나 미국 내 다른 대학으로 옮겨야 할 상황이었습니다. 그런데 한편으로 미국 생활을 15년이나 했고 애초에 이민 온 게 아니라 공부하러 온 것이었으니 이젠 귀국할 때가 되었다는 생각도 들었습니다.

그런데 저에게 교수직을 제안했던 대학이 아닌 기업으로 가기로 결정한 데는 크게 두 가지 이유가 있었습니다. 먼저, 기회가 된다면 한국 기업을 세계 수준의 선진 기업으로 일궈내는 과정에 적극적으로 동참하고 싶다는 저의 '꿈'이 있었습니다. 그리고 또 한편으로 저는 유학생 시절 이후로 계속 경제적으로 쪼들리고 있었습니다. 때마침 그때 저를 원했던 회사의 러브콜이 있어서 결국 기업으로 가게 된 것입니다. 참으로 뜻하지 않았던 인연이 닿아 맺어진 결과였습니다.

선택의 순간에 지나치게 고민할 필요는 없습니다. 내가 할 수 있는 한 최선을 다하면 강제된 선택조차도 좋은 인연으로 작용해서 좋은 결과가 만들어지니까요. 돌이켜보면 제 선택의 대부분은 삶이 그걸 저에게 들이밀어서 받아들이게 된 경우였습니다. 그리고 운이 좋게도 결과가 좋았습니다.

아직 치열하게 살아내야 하는 중장년의 시기에 그 앞에 펼쳐진 길은 결코 평탄하지만은 않습니다. 울퉁불퉁 자갈길을 걸을 때도 있고 때로 내가 삶의 기로에 서 있는 게 아닌가 하는 생각이 드는 경우도 있습니다. 내 의지와는 다르게 직장을 떠나야 하는 경우도 있고 그 이후에 무엇을 해야 할지 막막할 때도 있습니다. 하던 일, 익숙했던 일을 더 이상 하지 못하게 되는 상황이 닥치기도 합니다. 그런데 그런 경우 다급하게 선택하면 결과적으로 내 삶을 그르치는 결과를 초래할 수도 있습니다. 그러지 않으려면 평소에 '나는 무엇을 원하는가? 나에게는 무엇이 가장 중요한가? 나의 가장 근원적 욕구(Needs)는 무엇인가?'를 종종 생각하면서 자신의 중심성을 확보하는 것이 중요합니다. 그랬을 때 나의 의지로 한 선택이든, 혹은 상황에 의해 떠밀리듯 강제로 한 선택이든 알 수 없는 여러 인연의 연결을 통해서 선함으로 귀결되는 것 같습니다.

지금도 저는 선택을 합니다. 그런데 젊었을 때와는 성격이 다릅니다. 대체로 일, 직장, 경력과 관련한 위험 감수는 하지 않아도 됩니다. 나 스스로에 대한 선택, 소중한 사람들과의 관계에 대한 선택 등이지요. 그 점이 저는 참 좋습니다. 그래서 은퇴는 좋은 것이라는 생각이 들기도 합니다.

은퇴 뒤 노년의 삶은 가벼워질수록 좋습니다. 물질뿐만 아니라 마음까지도요. 제가 내리는 선택의 방향도 바로 그러한 가벼워짐을 향합니다. 마음이 가벼워지려면 욕심이 줄어야겠지요. 돈, 권력, 명예에 대한 욕심이 줄어들면 저절로 마음이 가벼워집니다.

## 29
# 위기와 한계는
# 새 삶을 향한 질문의 기회다

최근에 50대 초반에 대기업에서 임원까지 된 한 후배를 만났습니다. 그는 더 이상의 승진은 불가능할 것이라고 말하면서 한두 해 안에 자신은 은퇴하게 될 거라고 하는데 조금은 쓸쓸해 보였습니다. 그러면서 이제는 은퇴 후 자신의 삶에 대해서 생각하고 준비해야겠다고 합니다. 미래에 대한 기대감보다는 조금은 위축된 모습이었습니다.

또다른 한 후배는 50대 후반인데 대기업에서 근래에 사장으로 승진했습니다. 주변에서 다들 부러워하는 자리까지 올라간 것이지요. 그런데 최근 같이 점심을 하면서 하는 말이, 자신은 앞으로 길어야 3년일 거라면서 그 현실감이 확 와닿았다고 합니다. 과거와는 다른 느낌을 받았다고요. 예, 그렇습니다. 세상이 나를 중심으로 돌아가는 것이 아니고, 그 세상이 나를 필요로 해서 일정 기간 내게 요구하는 역할을 내가 하는 것일 뿐입니다. 살아 있는 회사는 늘 새로운 피를 수혈받아야 합니다. 회사가 시장 경쟁에서 지속 가능하려면 변화는 필수 조건이기 때문입니다.

전문직으로 자영업을 하는 30대 중반의 한 후배는 회사 생활을 하는 친구들을 만나보면 다들 걱정들이 참 많다고 합니다. 사회생활에서 늘 주변과 비교하면서 혹시 뒤처지는 건 아닌지, 특히 결혼을 하고 아이가 있는 경우엔 또래의 다른 부모들은 어떻게 하는지, 육아와 조기교육의 트렌드는 어떤 건지 늘 노심초사한다는 것이지요. 왜 그렇게 걱정들이 많은가 하고 의아해하다가 발견한 점은 자세히 보면 그들 자신의 삶의 목표가 무엇인지 뚜렷하지 않다는 것이었습니다. 그러면서 목표가 없으면 걱정이 많아진다는 것을 알았다고 합니다. 목표가 없으니 쉽게 잔물결에도 휩쓸리고 산들바람에도 흔들린다는 것이었습니다. 참 탁월한 안목이라 생각되었습니다.

중견 기업에서 일하는 40대의 한 후배는 중간 관리자로서의 고충을 털어놓았습니다. 조직에서 최선을 다해 버티다 보면 과거의 팀장급들처럼 실무는 내려놓고 관리만 할 수 있을 거란 희망을 가지고 있었다고 합니다. 하지만 현재 조직에서는 팀장이 여전히 실무까지 맡아야 하는 포지션에 있다는 것입니다. 특히 IT 관련 영역에서는 실무 능력이 후배들에게 비해 떨어지는 것을 걱정합니다. 또 젊었을 때는 소속감을 가지고 최선을 다해 조직 생활을 해서 지금 정도 위치에 왔는데, 현재 조직 상황상 위에 있는 임원의 눈치도 봐야 하고 아래에 있는 MZ세대는 조직의 미래이니 세대 특징을 이해해 주어야 한다고 요구받는다는 것이지요. 그런데 막상 MZ세대를 존중하고 이해해 주려고 하면 임원급 상사는 여전히 이해보다는 관리를 더 요구한다는 것입니다. 팀원들을 이해해 주라면서 막상 자신은 위에서도 아래에서도 이해받지 못하고 요구만 받는다는 것입니다.

그런데 한편 MZ세대는 팀장이라는 직책을 맡고 싶어 하지 않는 특성도 있다고 합니다. 직책 부여가 보상이라고 설득해도, 차라리 승진 안 하고 워라밸을 지키면서 현재 주어진 일을 계속하기를 원한다는 것이지요. 일부 MZ들은 자기가 하고 싶은 일을 하고 싶은 방식대로만 하고자 하는데 상사가 규정과 규율을 근거로 못하게 하면 바로 '직장내 괴롭힘'으로 신고를 한다는 것입니다. 원래 이 제도의 취지는 주로 조직 내에서 상사가 상식 밖의 일이나 과도한 업무를 요구하는 것과 같은 소위 갑질을 방지하기 위한 것입니다. 그런데 현실에서는 적지 않은 경우에 조직 구성원들이 자의적으로, 자신의 편의대로만 이 제도를 이용한다는 것이지요. 결과적으로 리더들은 조직 내외에서 생기는 물의를 피하려고 싫은 소리는 하지 않게 되고, 결국 원칙에 바탕한 리더십 발휘가 어려워지면서 회사의 생산성도 떨어진다고 토로합니다. 회사에서 소위 끼인 세대로서 40~50대의 고충은 만만치 않은 것 같습니다.

사실 대다수의 40~50대의 직장인들은 남자든 여자든 회사에서의 리더 역할뿐 아니라 집안의 가장으로서의 역할도 큽니다. 경제적 심리적으로 식구들을 부양해야 하고 자식들을 키우면서 연로한 부모님들도 보살펴야 하는 역할이 요구됩니다. 여기서도 끼인 세대입니다. 그런데, 이렇게 위아래에서 압력을 받고 힘들어하면서 직장에서 또 가정에서 자신의 역할에 집중해서 살면서도 직장이 딱히 싫다거나 가정이 그다지 부담스러운 것은 아닙니다. 그냥 그 현실에 적응하고 안주하면서 사는 것입니다.

그러던 어느 날 갑자기 내가 열정도 감격도 못 느끼면서 다람쥐 쳇바퀴 도는 듯한 삶에 그냥 매몰되어 있는 건 아닌가 하는 생각이 들 수 있습니다. 매일매일을 그냥 이렇게 살다가 어느 날 갑자기 깜짝 놀라며 '이게 뭐지?' 하는 순간이 닥쳐올 수 있습니다. 그때가 바로 기회입니다. 자신의 한계를 느끼고 자신에 대한 회의가 커지는 그때가 바로 삶의 새로운 장을 여는 기회가 될 수 있습니다. 삶에서 무언가를 결단하고 새로운 길을 찾아 나설 수 있고 나를 제대로 만날 때가 온 것이지요.

그렇게 하기 위해서는 자신만을 위한 시간을 따로 내어 자신을 보살펴야 합니다. 수십 년 동안 회사에서도 집에서도 '역할(Doing)' 중심으로 살아온 삶의 모드를 '존재(Being)' 중심으로 이동해야 할 필요가 있습니다. '내가 내 역할을 제대로 했는가?'라는 질문은 옆으로 치워놓고, 나라는 존재 그 자체는 어떤지 물어야 합니다. 나는 왜 여기에 있는지, 나는 뭘 원하는지 물어봐주어야 합니다. 나의 느낌이 그대로 드러나도록 해주어야 하고 나의 욕구를 있는 그대로 보고, 판단하지 말고 알아주어야 합니다. 자기가 자기를 만나서 알아봐주고 이해하고 인정하고 그가 내 삶의 주인공이 되도록 해주는 것이지요. 이렇게 내 존재 자체가 내 삶의 주인이 되면 '역할(Doing)' 영역은 자연스럽게, 그러나 과거와는 다른 모습으로 내 앞에 나타날 겁니다. 그럼 전보다 가벼워집니다.

차분히 생각해 보면, 지금 40~50대인 내가 과거 20~30대였을 때 갖지 못했던 많은 것들을 가지고 있다는 것을 알게 됩니다. 조직 안에서는 중간 관리자이면서 실무를 잘 아는 팀 리더로 자리하고 있고, 그간의 노력으로 어느 정도 경제적 여유도 생겼고 또 아이들이 자라면서 나 자신을 위한 시간적 여유가 조금씩은 생기고 있지요.

그리고 다른 한편으로는 그동안의 시행착오를 통해 내가 진짜 중요하게 여기는 나 자신의 가치가 조금은 더 분명해진 것을 알게 되고, 따라서 이제는 선택의 기준이 과거보다는 뚜렷해져 후회할 가능성이 줄어든 시기일 수도 있습니다. 어쩌면 이 시기야말로 뭔가 변화가 가능한 기회일 수 있습니다. 해오던 고민을 내려놓고 다른 곳에서 다른 일로 새로운 출발을 할 수도 있고, 혹은 부족하다고 느끼는 부분을 다시 채우는 시간이 될 수도 있으며, 무엇보다도 잊고 지냈던 열정을 다시 발견할 수 있는 계기가 될 수도 있기 때문입니다.

내 삶의 의미를 다시 발견하게 되면서 새롭게 다가온 그 열정의 대상은 과거와는 좀 다를 수도 있습니다. 그사이 삶의 다양한 영역에 대한 선호도와 우선 순위가 재조정되었기 때문이지요. 40~50대에 새로운 성장에 대한 기대와 설렘의 기회를 놓친다면, 50대 후반, 60대에 이르러 삶에 대한 회의가 닥쳤을 때, 어쩌면 내 인생은 누군가 때문에 희생되었다고 착각할 수도 있습니다. 혹은 내가 원해서 이 조직에 나의 인생을 다 바친 것처럼 오해하게 될 수도 있습니다.

저는 20대 후반, 30대 초반까지는 가난한 유학생으로 다섯 식구를 부양하며 학위를 따는 일에 전력을 다했습니다. 관심 영역에서 배움에 대한 열정이 가득해 학과의 동료 학생들 또 교수님들과 학문에 대해 토론하면서 큰 보람과 행복을 느꼈습니다. 30대 중반에 교수가 되어서는 오로지 학술지 논문 게재를 위한 연구와 학생들 수업에 전력을 다했습니다. 그런데 어느 정도 성과를 내게 되면서 차차 학문 자체보다도 현실 기업 경영에 관심이 가기 시작했습니다. 한 1~2년 고민하다가 결단을 내리고 만 40살이 되던 해에 귀국해서 기업에서 일을 시작하게 되었지요.

그런데 비록 스카우트되어 임원직으로 시작했지만 그 이후 21년

간의 회사 생활이 결코 평탄한 과정만은 아니었습니다. 특히 입사 후 초기 몇 년간은 새로운 조직, 새로운 문화에 적응하는 것이 참 고통스러웠습니다. 일에 투신해서 가열차게 일했지만 기대했던 평가를 못 받으면 위축되었습니다. 대학을 떠나서 기업으로 온 제 선택이 실수였던 게 아닌가 하는 회의감에 한동안 휩싸이기도 했었지요.

당시에는 토요일 오전 근무까지 하던 때였지요. 일요일엔 가족들 모두 함께 성당 미사에 참례하고 점심을 먹는 미국에서의 생활 방식을 그대로 유지했습니다. 오후에는 오랫동안 아파서 누워 계신 아버님을 아이들과 함께 찾아뵙고 병문안하는 것이 정해진 루틴이었습니다.

그러던 어느 날 저의 생활을 지켜보시던 이모님께서 저에게 물으셨습니다. "너는 골프도 안 치니?" 저의 주말 일정들을 말씀드리니 또 하시는 말씀이, "너도 네 시간을 가져야 할 텐데 걱정이구나……." 이 말씀을 그때 저는 이해하지 못했습니다. 오로지 회사에서 치열하게 일하고 집에서는 가장이자 장남의 의무를 다하는 게 중요하지, 내가 따로 나만을 위한 시간을 갖는다는 건 사치라고 생각했으니까요. 40대 중반까지 저는 그렇게 살았고 그게 당연한 거라고 생각했습니다.

변화는 40대 중반에 찾아왔습니다. 가족들이 차례로 모두 해외로 떠나고 저 혼자의 삶을 시작하게 된 때였습니다. 외로움도 컸지만 여유 시간이 생긴 것도 사실이었습니다. 그러면서 내면의 소리를 듣기 시작했던 것 같습니다. 그제야 몇 년 전 이모님이 하셨던 말씀이 무슨 뜻인지 알게 되었지요.

현직에 있을 때는 당연히 회사 일과 나의 역할을 제대로 하기 위해 필요한 사람들을 만나고 사회적 네트워킹을 하기는 했지만 거기에만 매달리지는 않았습니다. 치열하고 치밀하고 집요하게 회사 일을 하면서도 휴일이나 연휴 때는 회사 일과 아무런 관계가 없고 내가 마음이 가는 사람들과 만나 대화를 나누고 음악회나 전시회 등을 가기도 했습니다. 그리고 함께 혹은 혼자서 자연 속으로 들어가기 시작했습니다. 또 한편 21년간의 회사 생활에서 여러 차례 위기 상황이 있었지만 회사 내에서는 멘토 역할을 해주신 몇 분 선배 경영자들의 격려와 도움 덕에 무사히 넘어갈 수 있었습니다. 그리고 정년을 넘겨서 일하고 은퇴할 수 있었던 것은 그동안 진정으로 내 마음을 나눌 수 있었던 일 외의 사람들과의 만남을 통해 얻은 위로와 에너지 덕분이었습니다. 은퇴 후 이제 10년이 되어갑니다. 지금도 저는 마음 맞는 사람들과의 교류를 통해서 삶의 에너지를 얻습니다.

내가 나 자신과 대면하고 나와 가까워질 때 비로소 내 인생의 목표가 무엇인지 보이게 됩니다. 많은 경우 우리는 부모와 선생님, 또 주변과 사회가 만들어놓은 기준에 맞추어 살아왔습니다. 무의식 중에 나는 내가 원하던 대로 살아왔다고 생각하지만 그게 과연 진정으로 내가 원한 것이었는지 혹은 타인이나 세상이 "너는 이걸 원하는 거야!" 하고 주입한 건지 혼돈되기도 합니다. 저의 경우에는 지금껏 살아오면서 몇 차례 나 자신의 한계를 느끼고 삶에서 위기감을 느꼈을 때 이러한 질문이 올라왔습니다. 그러니 어찌 보면 한계와 위기감이 내가 나를 만날 수 있는 절호의 기회일 수 있습니다. 그 기회를 잘 살려서 나의 고유한 삶의 목표와 지향점을 찾는다면 내가 내 삶의 주인이 될 수 있습니다.

30

## 서운하고 불안한 게
## 당연합니다

　　직장 생활을 하면 자의든 타의든 직장을 떠나는 날이 오기 마련입니다. 익숙했던 생활을 떠나는 것은 분리의 경험이고 서운할 수 밖에 없습니다. 심지어 오너나 지배주주라 하더라도 비록 은퇴 시기는 자기 뜻대로 조정할 수 있다 하더라도 영원한 현역은 없습니다. 언젠가는 은퇴하고 또 누구나 예외 없이 생을 마감하게 됩니다. 그런데 많은 경우에 은퇴를 앞두게 되면 '내 인생은 이제 완전 내리막길이다', 혹은 '끝이다'라고까지 생각합니다. 그러면서 은퇴 이후 생의 마감까지의 기간이 또 삶의 새로운 챕터일 수 있다는 생각은 잘 하지 못합니다. 특히 젊었을 때는 전혀 그런 생각을 못 하지요. 지금의 상태가 계속될 거라는 착각 속에서 삽니다. 그런데 많은 직장인이 40~50대가 되면서 조금씩 조직 안에서 자신의 한계를 느끼기 시작합니다. 미래에 대한 불안과 또 자신에 대한 회의도 생기지요. 그런데 이런 경우는 실은 새로운 시작의 기회가 될 수 있습니다. 현직에서 은퇴자로 넘어가는 것은 역할보다는 존재 자체가 더 중요한, 과거와는 전혀 다른 시기로 넘어가는 것이라고도 할 수 있습니다.

은퇴 후 가장 먼저 들이닥치는 문제는 경제적인 부분입니다. 미국에서의 생활을 정리하고 다섯 식구가 귀국했을 때 제가 가진 돈은 2천 불이 전부였습니다. 경제적으로 쪼들리는 게 뭔지 저는 오랫동안 경험했지요. 특히 은퇴 후 연금 생활자가 되었을 때 돈 문제는 아주 중요합니다. 은퇴하게 될 때 경제적 기반을 갖추는 것은 기본 중의 기본이지요.

그런데 단순히 재정 상태를 파악하고 미리 준비하는 것에만 그치지 말고, 앞으로 내가 살아갈 라이프스타일이 어떤 것인지 명확하게 그려보는 것이 중요합니다. 우선 자신이 원하는 그리고 수용할 수 있는 노년의 생활 수준에 대해서 잘 생각하고 현실적으로 그게 가능한지 잘 계산해봐야겠지요. 저의 경우에는 큰 불편함 없이 생활할 수 있는 퇴직연금이 매월 나오고, 53살이 되어서 마련한 첫 집에 대한 담보 대출도 거의 다 갚았고 약간의 저축도 있던 상황이었습니다. 은퇴 후 고정 수입원이었던 사외 이사와 초빙 교수 자리를 과감하게 포기할 수 있었던 이유이기도 합니다.

그런데 막상 매달 들어오던 수입이 딱 끊기니 '어, 이거 이래도 되나?' 싶은 불안감이 엄습해 왔습니다. 고정 수입은 단순히 먹고사는 것뿐 아니라 나와 사회를 연결하는 끈이자 연료를 공급해 주는 파이프 같은 것인데, 그것이 뚝 끊기니 제가 마치 가뭄에 말라가는 나무 같다는 생각이 들었습니다. 그러면서 크든 작든 고정 수입이라는 게 얼마나 중요한 것인지 새삼 다시 느끼게 되었습니다. 그럼에도 불구하고 저는 남은 삶에서 더 중요한 것을 놓치지 말자는 생각에 했던 결심을 다시 한번 굳혔습니다. 타던 차도 실용적인 것으로 바꾸고 취미 생활과 기타 지출도 좀 줄이면서 지내면 괜찮을 것 같았습니다. 돈을 벌기 위한 목적으로 하는 일은 더 이상 하지 않더라도 적절한 생활 수준을 유지할 수 있어야 하는 것이지요. 저는 그럴 수 있었다는 것에 대해 참 다행이고 또 감사하다고 생각합니다.

LG그룹 인사팀장의 역할 중에는 연말 즈음에 은퇴가 결정된 사장들을 찾아가 여러 가지 사안들 특히 달라지는 예우에 대해 설명하고 상의하는 일도 포함되어 있었습니다. 그런데 방문해서 애기를 나누다 보면 한 분도 예외 없이 현직에 대한 미련을 보이고 퇴임을 서운해하시는 것이었습니다. 당시 저는 속으로 '아니, 60살까지 그것도 사장까지 하고 명예롭게 퇴임하면 엄청난 성공을 거둔 건데 대체 왜 서운해할까?' 하면서 좀 의아했습니다. 그러면서 내 은퇴 시점은 내가 결정하고 회사에 통보하겠다, 떠밀려 나가는 모습은 보이지 않겠다고 결심했습니다.

59살이 된 해에 저의 바로 위의 보스인 부회장께 "저는 이제 연말에 퇴임할 마음의 준비가 끝났습니다. 그렇게 아시고 처리해 주십시오"라고 말했지요. 그런데 연말이 되자 정년을 넘겨서 한 해 더 근무하라고 통보받았습니다. 전혀 예상치 못한 소식에 놀라기도 했지만 내심 기분이 좋기도 했습니다. 그렇게 더해진 1년이 끝나가는 무렵, 이런저런 생각을 하다가 '혹시 1년을 더 있어달라고 하지는 않을까?'라는 기대감이 마음속에서 스멀스멀 움직이고 있다는 것을 알아챘습니다. 결국 그해 연말에 은퇴하게 되면서, 더이상 저를 붙잡지 않는 회사에 대한 서운함까지 느끼는 스스로를 바라보며 깜짝 놀랐습니다. 그리고 정신이 번쩍 들었습니다. '아, 내가 이렇구나!' 예, 저라고 별다를 게 없었습니다.

지나간 회사 생활이 엄청나게 보람 있었고 성취감이 컸음에도, 또 나름대로는 퇴임에 대한 마음의 준비를 2년 이상 한 것인데도 막상 헤어지는 시간이 닥치자 이런 감정들이 올라오는 것을 보면서 제가 미처 잘 몰랐던 저를 만난 것 같았습니다. 오래전 은퇴하면서 서운해하던 선배 경영자들의 모습이 저 자신과 겹쳐 보였습니다.

고등학교 동창 3명과 오랜만에 냉면 회동을 했습니다. 그 자리에 직업 외교관으로 지내다가 은퇴한 후 중국어 공부를 하면서 책을 낼 준비를 하는 친구도 있었습니다. 그런데 그 친구가 자신은 근래에 고등학교와 대학교 동창을 비롯해 외교부 선후배 모임에 거의 나가지 않는다고 했습니다. 꼭 보고 싶고 편안한 사람들은 개별적으로 만난다는 것입니다. 서울 근교 오솔길이 좋은 한적한 동네에 살면서 특별히 가는 데도 없다고 합니다. 그 얘기를 듣다 보니 몇 년 전에 삶의 모드를 치·치·집에서 느·조·심으로 바꾼 제 모습이 떠올랐습니다. '하고 싶은 일만 하고, 보고 싶은 사람만 보고, 가고 싶은 곳만 간다'는 원칙을 정해서 실천하고 있는데, 알고 보니 이게 나만이 아니었구나 하는 생각이 들었습니다.

역할 중심의 삶을 살아오면서 만들어진 많은 인간관계들이 지금 내 삶의 이 시점에서 무슨 의미가 있는가를 생각해 볼 필요가 있는 것 같습니다. 내 주변에 와글와글 모였던 사람들이 명함이 떨어지고 나면 싹 사라지는 경우가 있습니다. 그러한 인간관계에는 집착할 필요가 없습니다. 은퇴 후에는 상하 관계나 이해관계와 무관하게 나를 찾아주는 두어 사람만 있다면 그걸로 충분합니다. 그들이야말로 저에게 참으로 귀한 사람들이라고 여겨집니다.

서울 근교에서 생명 역동 농업 방식으로 농사를 짓는 부부가 있습니다. 60여 명의 회원이 겨울철을 제외하고 부부로부터 매달 다양한 야채와 원두, 계란 등으로 구성된 꾸러미를 받아오고 있습니다. 이 농장에서는 1년에 봄 가을 두 차례 농장 파티를 합니다. 각자 먹을 것들을 들고 와서 함께 점심을 먹고, 엄마 아빠를 따라온 아이들은 농장에서 뛰어놉니다. 일부 참석자들은 떠나고 남은 사람들은 오후가 되면 또 같이 저녁을 챙겨서 먹고 이어서 대화를 이어갑니다. 여러 해 이어져오는 이 시간은 참으로 특별합니다. 학교에서 사고 친 자식 때문에 힘들었던 얘기, 자신이 사고로 다쳐 고통을 겪은 얘기, 일하면서 직장에서 힘들었던 얘기, 연인이나 배우자와의 갈등과 마음속 깊은 욕망과 혼돈의 고백 등 속 깊은 얘기를 꺼내놓는 걸 들으면서 깊이 빠져들었습니다. 그렇게 진지하다가 또 잠시 깨어나라고 던져지는 농담과 폭소 속에서 제 폐 속의 니코틴, 타르가 다 빠져나가는 듯한 시원함으로 웃어젖혔습니다. 그간 제법 알았다고 생각했던 멤버들은 또다른 층위에서 새롭게 알게 되었고, 인사는 나누었었지만 얘기는 나눠보지 못했던 사람들은 제가 마치 그 사람의 내면으로 여행을 하는 듯한 느낌이 들었습니다. 자신의 내면을 그대로 드러내는 한 사람 한 사람의 얘기가 그대로 제 가슴에 들어와서 고랑을 파고 씨앗이 되어 싹을 틔우는 느낌을 받았습니다. 그들의 이야기가 정말 가슴 절실하게, 소중하게 제 마음에 들어와서 자리잡으면서 저를 키워주는 것 같았습니다.

저는 제 내면 깊은 얘기를 하는 게 참 쉽지 않다는 것을 70년 넘게 살아오면서 종종 느껴왔습니다. 뭔가 있긴 한데, 내 속 깊이 있는 걸 알아볼 시간도 에너지도 부족했고 그러다 보니 내면의 소리를 그냥 흘려듣고 외면하거나 누르며 살아온 시간이 길었지요. 내면을 얘기하려면 내가 나를 먼저 만나야 하는데 그게 어디 쉬운 일인가요. 각자의 사회적 위치와는 아무런 상관없이 멤버들 간에 거의 하루 종일을 함께 먹고 함께 이야기를 나누는 건 참으로 특별했습니다. 그들은 자신을 알아보았기에 다른 사람들도 알아볼 수 있었고, 그들의 얘기를 들으면서 저 역시 저를 더 깊이 만날 수 있었습니다. 유기농 먹거리로 배불리 먹고 마음속 깊은 얘기들로 서로 에너지를 주고받아 마음이 풍성해지는 만남, 새소리 닭소리가 있고 강아지들과 함께 아이들이 뛰어노는 농장, 일상에서도 안전하고 편안하고 그러면서 또 명정하게 깨어 있을 수 있는 이런 삶을 살고 싶습니다.

해가 갈수록 자연스레 죽음에 대한 관심이 많아집니다. 조력사, 생전 장례식, 단식 존엄사 등에 대한 글들이 눈에 많이 들어옵니다. 젊었을 때는 죽음 하면 망각과 소멸이란 생각이 주로 올라왔습니다. 나는 없어지고 잊힐 것이라는 허무함이 밀려왔지요. 인생무상이란 표현에서 허망하다는 느낌만 있었습니다. 그런데 노화를 겪으면서 제 생각도 조금씩 달라졌습니다. 무상(無常)은 항상하지 않고 늘 변한다는 뜻인데 변화란 생명 현상의 가장 기본이 아닌가? 인간 몸은 약 30조 개의 세포로 이루어져 있다는데, 피부 세포는 한 달이면 전체가 새로워지고 뼈 세포도 10년이면 완전히 교체된다고 하는데, 변화하지 않고 고정된다는 것은 더 이상 생명체가 아니라는 것 아닌가? 따라서 인생이 무상하다, 늘 변화한다는 것은 얼마나 다행인가! 하는 생각이 드는 것입니다.

지난 4월 21일 타계한 프란치스코 교황은 77세에 교황으로 선출되어 12년 가까운 재위 기간 동안 바티칸을 조용히 개혁했고 전 세계의 양심으로 칭송받았습니다. 그는 마지막 순간까지도 자신의 소명에 모든 것을 바쳤습니다. 휠체어에 앉아 부활대축일 미사에서 강론을 대독하는 것을 지켜보고 다음 날 아침 88세로 선종한 것입니다. 전 세계가 그의 죽음을 애도했습니다.

그런데 그 애도하던 분위기는 17일이 지난 5월 8일 환희로 바뀌었습니다. 70세 나이의 새 교황 레오 14세가 선출된 것이지요. 그는 '하베무스 파팜(Habemus PaPam, 새 교황이 선출되었다)!' 선포에 이어 바티칸 성 베드로 성당 중앙 발코니에 처음 모습을 드러냈습니다. 환호하는 군중들에게 손을 흔들며 눈시울을 붉히고 잠시 울먹이는 그에게서 나와 같은 인간 존재로서의 동질감이 느껴졌고 위로와 희망을 느꼈습니다. 울먹이는 새 교황에게서 그의 어깨에 놓여진 엄청난 책임의 무게가 느껴졌고 이를 감당하고자 하는 그의 겸손과 각오가 제 마음에 전해져왔습니다.

인간은 결국은 세월에 따라 이 세상을 떠나게 됩니다. 살아 있는 동안 자기 역할을 다 하고 영원으로 사라집니다. 잃은 교황을 그리워하지만 또 새 교황의 탄생에 기뻐하고 환호하는 군중들, 새로 탄생한 생명에 환호하고 감격으로 눈물을 흘립니다. 떠나간 프란치스코 교황이 이런 광경을 본다면 어떤 느낌이었을까요? 서운해하지 않았을 것 같습니다. 자신의 죽음이 새 생명의 탄생으로 이어지는 것을 보며 기뻐하고 감사했을 것 같습니다. 죽음과 탄생은 이렇게 이어져 있습니다.

한국 개신교 사상가 다석 류영모의 한글 시들을 모아 해설한 책 『가득소리 가온소리 바닥소리』(동연출판사, 2025)를 낸 신학자 이정배 교수는 "대부분 사람들의 죽음은 충분히 익지 못한 채 떨어지는 과일 같다"고 했습니다. "세상은 씨알이 떨어져 생명을 낳는 밭이고 이 밭에서 생명이 움트고 열매를 키우니 아름답다"고 했습니다. 그리고 "'아름답다'는 알(열매)을 품었다는 뜻"이라고 말합니다. 즉 죽음의 참된 뜻은 속이 꽉 찬 씨가 되어 땅에 떨어져서 또다른 생명을 만드는 것이라는 거지요.

'어떻게 하면 속이 꽉 찬 씨앗이 되어 땅에 떨어질 수 있을까?' 현생에서 주어진 시간 동안 힘껏 마음 모아 잘 살아서 속을 꽉 채우고 싶다는 의욕이 솟아오르는 것을 느낍니다. 이렇게 속을 꽉 채우려면 노년의 삶에서도 할 일이 많습니다. 죽음은 그냥 허망하게 소멸하고 마는 것이 아니고, 내 몸은 사라지지만 내가 채운 마음의 씨앗이 이 세상에 떨어져 또다른 생명을 만들어내는 것이니 나는 부활하고 영생하는 것이 아닌가! 남은 시간 동안 속을 꽉 채우며 살다가 땅에 떨어져 그렇게 돌아가고 싶다는 마음이 커졌습니다.

신경림 시인은 유고작 『살아 있는 것은 아름답다』(창비, 2025)에서 살아 있는 것은 다 아름답다고 말합니다. 생의 마지막에 병원을 오가며 고통 속에서 죽음을 앞두고도 시인은 살아 있는 것들을 축복하고 행복해합니다. 시인은 '머지 않아 가마득히 사라질 것이어서 더 아름답다'고 말합니다. 그의 시들을 읽으며 '죽음이 살아 있는 것들로 이어질 수 있는 거라면, 삶도 죽음도 모두 다 아름다운 것이 아닌가!' 하는 생각이 들었습니다. 예, 죽음에서 새 생명으로의 전이는 바로 변화이니, 무상함에 감사하고 이를 기쁘게 맞이해야겠습니다.

**오늘도 성장하고 있습니다**

초판 1쇄 2025년 8월 25일
초판 2쇄 2025년 10월 20일

**지은이** | 이병남
**펴낸이** | 송영석

**주간** | 이혜진
**편집장** | 박신애 **기획편집** | 최예은·이나연
**디자인** | 박윤정·유보람
**마케팅** | 김유종·한승민
**관리** | 송우석·전지연·채경민

**펴낸곳** | (株)해냄출판사
**등록번호** | 제10-229호
**등록일자** | 1988년 5월 11일(설립일자 | 1983년 6월 24일)

04042 서울시 마포구 잔다리로 30 해냄빌딩 5·6층
**대표전화** | 326-1600 **팩스** | 326-1624
**홈페이지** | www.hainaim.com

ISBN 979-11-6714-124-8

파본은 본사나 구입하신 서점에서 교환하여 드립니다.